MAURICE LECAT

Relations intellectuelles

AVEC LES

Centraux?

" ÉCRASONS L'INFÂME! "

Instaurare omnia in Christo. PIE X.

La paix du monde et le bonheur du genre humain ne dépendent pas uniquement des traités et des alliances entre Gouvernements. C'est l'appel d'un peuple vers un autre peuple pour plus d'amitié et plus de lumière qui rendra la guerre impossible et fera progresser l'humanité. ALBERT, roi des Belges. 1920.

CHAUVINISME. NATIONALISME. PATRIOTISME.
INTERNATIONALE.
MILITARISME. DÉSARMEMENT.
GUERRE EN GÉNÉRAL. GUERRE DE 1914.
ANGLETERRE. BELGIQUE. FRANCE. BOCHIE.
HAINE CONTRE LES CENTRAUX.
REPRISE DES RELATIONS INTELLECTUELLES?

CHEZ L'AUTEUR

LOUVAIN
AVENUE DES ALLIÉS, 92

BRUXELLES
AVENUE BOIS CAMBRE, 16

1921
Avril

MAURICE LECAT

Relations intellectuelles

AVEC LES

Centraux?

"ÉCRASONS L'INFÂME!"

Instaurare omnia in Christo. PIE X.

La paix du monde et le bonheur du genre humain ne dépendent pas uniquement des traités et des alliances entre Gouvernements. C'est l'appel d'un peuple vers un autre peuple pour plus d'amitié et plus de lumière qui rendra la guerre impossible et fera progresser l'humanité. ALBERT, roi des Belges, 1920.

CHAUVINISME. NATIONALISME. PATRIOTISME.
INTERNATIONALE.
MILITARISME. DÉSARMEMENT.
GUERRE EN GÉNÉRAL. GUERRE DE 1914.
ANGLETERRE. BELGIQUE. FRANCE. BOCHIE.
HAINE CONTRE LES CENTRAUX.
REPRISE DES RELATIONS INTELLECTUELLES?

CHEZ L'AUTEUR :

LOUVAIN	BRUXELLES
AVENUE DES ALLIÉS, 92	AVENUE BOIS CAMBRE, 16

1921
Avril

L'auteur, qui entend assumer à lui seul la
responsabilité, est convaincu que pas une ligne
n'est contraire ni à la morale la plus austère ni
aux doctrines de la Sainte Religion catholique
romaine.

Si toutefois il lui était prouvé qu'il se
trompe, il se rétracterait immédiatement.

PRÉFACE

Tout le monde sait à quel point la guerre mondiale a surexcité les ardentes passions chauvines. Il est dangereux de traiter certains sujets Or, s'il est une question particulièrement brûlante, c'est bien celle-ci : Convient-il que nous, Alliés, reprenions un jour les relations intellectuelles avec les Centraux, en particulier avec les Boches ? *Des lecteurs irrités s'exclameront ! Comment, dira-t-on, vous qui n'êtes pas suspect de germanophilie* (1), *vous qui habitez les tristes ruines de Louvain, dont chaque pierre semble pleurer le martyre, comment pouvez-vous songer à poser le problème, si même vous deviez y apporter une réponse négative ?*

« *A Louvain, dit* Et. L a m y (2), *les sommets du mal sont atteints... La plus grande ruine de Louvain n'est pas le sac d'une ville par une armée ; c'est la ruine de la vérité par un peuple...* ».

« *Non contents de vous en prendre à la Belgique vivante, écrit* R. R o l- l a n d *(le 2 sept. 1914), vous [Allemands] faites la guerre aux morts, à la gloire des siècles. Vous bombardez Malines, vous incendiez* R u b e n s. *Louvain n'est plus qu'un monceau de cendres, Louvain avec ses trésors d'art, de science, la Ville Sainte !... Êtes-vous les petits-fils de* G o e t h e *ou ceux d'* A t t i l a ? *(3) Est-ce aux armées que vous faites la guerre ou bien à l'esprit humain ? »* (4)

---

(1) Au jugement de tous, notre recueil de *Pensées* (Bruxelles, 1919) l'a prouvé surabondamment !

(2) Discours prononcé en présence des Souverains belges, le 30 août 1918.

(3) Ceux d'A t t i l a, semblerait-il à lire les vers suivants :

> Denn der Mensch verkümmert im Frieden,
> Müssige Ruh ist das Grab des Muts.
> Das Gesetz ist der Freund des Schwachen,
> Alles will es nur eben machen.
> Möchte gern die Welt verflachen,
> Aber der Krieg lässt die Kraft erscheinen...
>
> XI 1914. Th. Mann.

(4) R. R o l l a n d, avec son éloquence bien connue, continue en ces termes : « Notre France... n'a rien souffert de plus cruel que de l'attentat contre son Parthénon, Notre-Dame de France... Une œuvre comme Reims est beaucoup plus qu'une vie : elle est un peuple, elle est ses siècles, qui frémissent comme une symphonie dans cet orgue de pierre; elle est ses souvenirs de joie, de gloire et de douleur, ses méditations, ses ironies, ses rêves ; elle est l'arbre de la race, dont les racines plongent au plus profond de sa terre et qui, d'un élan sublime, tend ses bras vers le ciel. Elle est bien plus encore : sa beauté, qui domine les luttes des nations, est l'harmonieuse réponse faite par le genre humain a l'énigme du monde, — cette lumière de l'esprit, plus nécessaire aux âmes que celle du soleil. Qui tue cette œuvre assassine plus qu'un homme, il assassine l'âme la plus pure d'une race. Son crime est inexpiable ».

Si, par principe, nous ne récusions le témoignage des Allemands sur la France, nous ferions peut-être cette citation :

Dans la cathédrale de Reims, on voit le spectacle impie de rois français qui furent des adultères, déifiés en quelque sorte et présentés sous les formes de statues au sommet du grand portail, mieux placés que l'image de Dieu.　　　　　　　　　　Guillaume II (1859 /. .).

« *Assurément, écrit Maurice De Wulf (en 1916), quand on s'est nourri l'âme des étranges commandements de Zarathustra, quand on considère la pitié comme une faiblesse et la force comme un droit, on est admirablement préparé à remplir, dans l'armée d'un von Manteuffel (1), le poste d'incendiaire, de pillard et d'éventreur* ».

« *L'incendie de nos villes et de nos villages, la déportation de milliers de nos ouvriers, les massacres de civils, toutes ces horreurs, si épouvantables fussent-elles, pourraient encore trouver, écrit le Cardinal Mercier (le 10 janvier 1920), un semblant d'excuse dans les rigueurs de la guerre... Mais à l'anéantissement... [de] la bibliothèque de Louvain, il était impossible d'apporter la moindre excuse : le crime était flagrant* ».

Mais voici, d'après Et. Lamy (30 août 1918), comment on a tâché de justifier ces actes, ou du moins de les soustraire à tout examen et à toute critique : « *Ennemis de la culture, les ennemis de l'Allemagne ont pour droit unique d'être amenés par la contrainte la plus efficace à l'obéissance qui est à leur avantage, et la seule faute de l'Allemagne serait de ne pas réussir, puisque sa victoire est le bien commun. La sainteté du but absout les moyens. L'Allemagne n'a pas à soumettre aux peuples les actes par lesquels elle les élève, parce qu'il n'y a pas entre elle et eux égalité de nature et qu'elle ne peut, étant leur éducatrice, devenir leur justiciable* ».

« *Le peuple allemand, dit Bernhardi (1912), est le peuple élu..., il possède la suprématie intellectuelle..., il est le guide de l'humanité... Il a conquis le droit de prétendre à la plus haute mission civilisatrice !* ». *Et, suivant Fichte*, « *L'Allemand est à l'égard de l'étranger ce que le bien est à l'égard du mal... Non seulement l'Allemagne est élue par la Providence, mais encore elle est seule élue !... Allemands, si vous succombez, l'Humanité succombe avec vous, sans espoir d'une rénovation future.* »

« *Ce n'est pas sans raison, remarque J. Cuvelier (janv. 1921), que les Allemands en sont venus à cette conviction qu'ils sont le peuple le plus pur de la terre, le plus honnête, le plus courageux, le plus moral même, en un certain sens, le plus pacifique puisqu'il n'a voulu la guerre que pour obliger les autres peuples d'Occident à participer... à la plus haute civilisation...* »

« *Comme tous les fanatismes, écrit P. Gaultier (1919), la conviction qu'avaient les Allemands de leur supériorité, était intransigeante jusqu'à mettre en code les atrocités et la manière d'y procéder, moyen déplorable peut-être, mais nécessaire, suivant eux, pour sauver le monde (2).... Ne reconnaît-on pas là la marque d'un mysticisme qui avait placé si haut son*

---

(1) Ce serait moins le commandant von Manteuffel que le général von Boehm, qui porterait la responsabilité des malheurs de la ville de Louvain.

(2) R. Viviani (1863 /...) ne pensait pas autrement : « La loi constante du monde veut que rien ne s'obtienne sans des efforts et sans des sacrifices, et que la douleur humaine soit éternellement la rançon du progrès... Que lui importent [au progrès] les plaintes des vaincus, les gémissements des victimes ? ». M. Viviani écrivait cela avant 1914. Ces paroles ne ressemblent-elles pas étrangement à celles des Fichte et des Bernhardi ?

but qu'il lui semblait pouvoir, en toute conscience, rester indifférent au choix des moyens ? »

« C'eût été aux yeux de l'état-major allemand, une faiblesse « sentimentale » et puérile que de s'attarder un instant à la considération qu'un traité solennel, portant la signature du roi de Prusse, garantissait la neutralité belge. Il y allait de l'intérêt de l'Allemagne : cela suffisait. Et si monstrueuse que soit une telle conception du droit public et de l'honneur, on peut la comprendre et jusqu'à un certain point l'excuser. Le crime n'était en somme qu'un crime politique. On en a vu bien d'autres (1)... » Voilà ce qu'écrivit (le 23 décembre 1920) un très illustre historien belge : M. H. P i r e n n e.

Et M. G. R e n c y (Alb. Stassart, « Gringoire ») de trouver ceci : (janvier 1920) : « On pourrait, étant donnée la mentalité propre à la caste militaire... excuser, dans une certaine mesure, le passage [des Allemands] à travers la Belgique... Les fusillades, les pillages, les incendies pourraient être mis sur le compte de la furie soldatesque et... de la frayeur panique... A Louvain, notamment... Les Allemands, pris individuellement, étaient des hommes qui faisaient, en 1914-18, leur devoir d'Allemands, qui servaient leur pays à leur manière ».

« Louvain, dit Et. L a m y (2), a expié une panique de ses envahisseurs (3) ».

Possible, mais, à notre avis, l'incendie de la bibliothèque est un acte attristant et qui n'est pas vraiment justifiable. Et c'est, sans doute, impressionné surtout par ce geste malheureux (4), qu'un membre de la Classe des Sciences de l'Académie belge écrivit, le 14 décembre 1917 :

« Les Alliés ont à rompre... dans la plus large mesure possible, les relations intellectuelles avec les Empires du Centre et les peuples soumis à leur influence... Nous ne devons pas nous arrêter à la question de savoir si le progrès intellectuel général de l'humanité souffrira de cette lutte ».

L'Académie royale de Belgique et l'Institut de France ont souscrit à cette proposition.

En octobre 1918, l'illustre Compagnie parisienne émit, en effet, le vœu suivant : « Il est désirable que les nationaux des pays de l'Entente et des Etats-Unis... ne prennent part à aucune entreprise scientifique où collaboreraient des nationaux des Empires du Centre ».

Parmi les mesures proposées et admises par la Conférence des Académies scientifiques (tenue à Londres et à Paris, en octobre-novembre) se trouve celle-ci (5) : « Il serait publié une liste interalliée nominative de ceux

---

(1) La France ne nous a-t-elle pas envahis plus de cent fois ?!

(2) Devant les Souverains belges, le 30 août 1918.

(3) M. M a y e n c e (1916) considère comme un « fait acquis à l'histoire » que « la panique la plus folle s'est emparée d'une partie des troupes allemandes à Louvain. »

(4) Au risque d'être, par certains, accusé de « bochisme » ( ), nous affirmons que *l'Allemagne* n'a pas voulu l'incendie *de la bibliothèque* de l'Université de Louvain. Le malheur est dû à l'inconscience de quelques soldats. C'est aussi l'opinion de professeurs de ladite Université, qui ne sont rien moins que germanophiles.

(5) Voir le *Bulletin Acad. R. Belg.* (Cl. sciences), janvier 1919, p. 46.

[*des particuliers*] *qui s'écarteraient de la règle. Ceux-ci seraient exclus de tous les emplois publics et ne recevraient plus aucune distinction honorifique ; les distinctions qu'ils possèderaient déjà leur seraient enlevées ; etc., etc.* ».

Ayant été tranchée par l'illustre et vénérable Académie de Paris, la question des relations intellectuelles avec les Centraux n'aurait plus à être posée, semble-t-il. D'aucuns pourront trouver qu'il serait même insolent de le faire. Ce qui est certain, c'est que ce serait au moins dangereux : « exclusion des emplois publics, enlèvement des distinctions honorifiques... » ! Abomination de la désolation ! Qui donc voudrait courir un tel risque ?

Incontestablement, les résolutions de la Conférence interalliée marquen un tournant sans précédent dans l'Histoire des Sciences. Elles sont très graves et méritent qu'on se demande si elles sont heureuses.

Nous traiterons la question (1), *mais sans la trancher. Nous nous proposons seulement de documenter de notre mieux le lecteur, afin qu'il puisse se faire une opinion solide et prendre une décision en toute liberté.*

A-t-on songé aux innombrables difficultés qui vont surgir ?

L'expulsion des Centraux de nos Sociétés savantes et la rupture complète des relations intellectuelles ne va-t-elle pas avoir un effet inverse de celui escompté ? Ne va-t-elle pas faire le jeu des « Austro-Boches » ?

Les premiers et les plus importants progrès de l'esprit humain étant toujours le résultat de l'initiative et des efforts individuels, il eût peut-être mieux valu, semble-t-il, laisser aux intellectuels la liberté la plus complète et ne pas chercher à entraver les relations scientifiques.

Le Culte du Vrai ne devrait-il pas former un lien assez solide pour résister à l'épreuve des conflits internationaux ?

Est-il bien certain que l'Institut de France lui-même jouisse de l'Infaillibilité et qu'il ait l'autorité suffisante pour imposer à tout le monde son ultimatum draconien ? C'est ce que nous nous permettrons d'examiner, en interrogeant des hommes très compétents.

Peut-être est-il de notre devoir, à nous Alliés, de nous demander si nous sommes parfaits, si nous détenons le monopole du Bien et si nos anciens ennemis personnifient le Mal, ce qui justifierait notre morgue, au moins dans une certaine mesure. On a donc réuni ici des jugements autorisés sur les principales nations en cause : d'une part, l'Angleterre, la Belgique et la France ; d'autre part, l'Allemagne. Peut-être ces citations prouveront-elles que nous, Alliés, devrions être plus modestes, parce que nous ne sommes pas sans tache et que vous, Allemands (qui êtes partisans de la reprise des relations intellectuelles), possédez quelques qualités.

Il semble que le mot « Boche » soit l'injure suprême et ne laisse place à rien de bon. L'Allemand serait-il donc affligé de tous les défauts ? Est-il

---

(1) Bien entendu, il ne s'agit pas des relations commerciales, que toutes les nations alliées se sont empressées de renouer avec l'Allemagne depuis deux ans déjà. Il y a plus : l'*Opéra* de Paris ne vient-il pas de reprendre des œuvres de W a g n e r ? Et le Conservatoire royal de Bruxelles n'a-t-il pas exécuté (le 21 février 1921), dans un magnifique Concert, le prélude de *Parsifal*, le prélude et la scène finale de *Tristan* et d'autres œuvres du grand compositeur allemand ! « On applaudissait à tout rompre, même avant l'audition des morceaux... La journée a été bonne pour W a g n e r » dût reconnaître le très chauvin journal *Le Soir* de Bruxelles.

*indiscipliné, paresseux et recule-t-il devant la moindre tâche ? N'a-t-il
aucune persévérance ? Ne possède-t-il à aucun degré le sens de l'ordre,
de la méthode, de l'organisation ? Ne peut-on lui reconnaître aucune dis-
position pour le commerce et l'industrie ? L'Allemand est-il absolument
dépourvu d'esprit scientifique, n'a-t-il aucun don pour la littérature, pour
la musique ? Son cerveau est-il si obtu : n'est-il bon à rien ? L'Ame allemande réunit-elle toutes les laideurs ? La Germanie n'a-t-elle aucune grandeur intellectuelle ou morale ? Est-ce un pays d'ignorance ? Ses Universités,
avec leurs laboratoires et leurs bibliothèques, sont-elles inférieures ?*

On objectera que l'Allemagne a une mentalité tout différente de la nôtre (1).
*Assurément, toutes les nations n'ont pas des caractères identiques ; elles ne
sont pas toutes coulées dans le même moule ! Tâcher d'affaiblir l'originalité
des peuples et d'uniformiser la planète entière serait, semble-t-il, une tentative vaine ! Il faut nous résigner à la diversité des mentalités, ou mieux, il
faut nous en réjouir !*

*En général, ce sont les militaires et les militaristes qui sont les plus aveu-
glément hostiles à la reprise des relations intellectuelles avec nos anciens
adversaires. Mais on peut se demander si, en cette matière, l'opinion des
hommes d'Épée est d'un grand poids ! Nous avons donc, pour cette raison
et pour d'autres, traité du militarisme et de tout ce qui s'y rattache étroite-
ment : chauvinisme, guerre, désarmement, etc.*

*Il convient, à notre humble avis, d'étudier la question en se dépouillant
de toute passion, peut-être même en imposant silence au patriotisme, pour
ne considérer que les besoins supérieurs de la grande Société humaine* (2).

*Quelqu'un a écrit cette belle pensée : « Ceux-là qui n'ont pas été choisis
pour être des victimes de cette guerre, savent sans hésitation possible qu'ils
sont appelés à être des apôtres ». Oui, chacun doit contribuer de son cœur
fervent à la régénération du monde. Chacun doit faire dans cette voie tout
ce que ses facultés lui permettent. Nous qui publions cet opuscule, nous
croyons avoir la foi et l'enthousiasme, mais nous avons aussi la conscience
très nette de la faiblesse de nos moyens. N'ayant ni le talent, ni les connaissances, ni surtout l'autorité nécessaire pour traiter de nos propres forces
la grande question qui fait l'objet de ce travail, nous nous sommes borné,
ou à peu de chose près, à produire des citations de personnalités marquantes
ou illustres. Mais, dans cet opuscule, qui est donc à peu près impersonnel,
nous avons mis tout notre zèle pour renseigner le lecteur sur un problème
qui intéresse l'avenir de la Science et de l'Humanité.*

*Peut-être quelques lecteurs reprocheront-ils à certaines rubriques de n'être
pas rigoureusement « neutres ». Nous répondrons, avec M. Ch. R i c h e t,*

----

(1) Il ne faudrait pas exagérer cette différence. Mgr P. L a d e u z e,
recteur magnifique de l'Université de Louvain, dit fort bien (octobre
1920) : « Il nous faut bien reconnaître que l'idéal « moderne » ne différait
guère de l'idéal allemand, puisqu'à la veille de la guerre la quasi unanimité des modernes désignaient l'Allemagne comme le modèle à suivre ».

(2) Toutefois nous ne cacherons pas que nous avons songé un peu à la
reconstitution intellectuelle de notre chère Belgique.

que « *l'impartialité est criminelle quand elle n'ose pas décider entre la paix et la guerre, la Science et l'ignorance* ». *On nous accusera peut-être aussi de formuler notre pensée sans faire usage d'euphémisme, par exemple dans le chapitre relatif à la Belgique ; mais, nous le demandons, pourquoi devrions-nous mitiger notre expression et faire des détours ? N'est-ce pas aux époques où la vérité est dure à dire qu'elle doit être entendue ? Pourrait-on sérieusement nous faire un grief de la violence de quelques-uns de nos termes s'ils sont justes ?* Qui bene amat, bene castigat. *Et n'y a-t-il pas parfois quelque mérite à défendre ses convictions avec ardeur, au risque d'y perdre « honneurs » et profits ? La morale la plus immorale est incontestablement celle qui est basée sur l'intérêt personnel.* (1)

Louvain, le 18 avril 1921.

----

(1) *Nous ajouterons que l'idée de rédiger cette brochure nous est venue le 2 janvier 1921, immédiatement après la lecture du peu banal discours que* M. de M a r g e r i e, *ambassadeur de France à Bruxelles, avait prononcé la veille.*

Relations intellectuelles avec les Centraux ?

CHAUVINISME, FIÈVRE OBSIDIONALE, NATIONALISME (1)

C'est un sentiment national maladif qui fait que l'on considère la nation dont on fait partie, comme étant la plus sage, la plus brave.

M. Harden (1861/...).

Chaque nation a voulu faire croire qu'elle est plus chère à Dieu que toutes les autres. **B. Spinoza** (1632/77).

Il n'y a point de folie ni de vice plus épidémique que la sotte vanité qu'ont les habitants d'un pays de se préférer à ceux d'un autre.

H.-S.-J. Bolingbroke (1678/1751).

On dirait que tous les nationalismes sont traduits d'un seul et même original chinois ainsi conçu : « Vive moi, vive nous à bas les coquins et les sots qui nous entourent ! Ma langue maternelle contient toute la sagesse de ce monde, ma nourrice me l'a toujours dit... » La sottise collective n'est pas moins déplaisante que la sottise individuelle : le nostrisme est un égoïsme au pluriel. 15. I. 1920. **A. Counson** (1880/...).

Si le nationalisme n'a pas de prise sur la Science, il en a sur tous les savants, auxquels il peut fournir une agence d'encensement mutuel.

15. I. 1920. **A. Counson** (1880/...).

Si seulement les hommes disaient ce qu'ils pensent, et non ce qu'ils ne pensent point, aussitôt s'évanouiraient les idées superstitieuses qui découlent du patriotisme et tous les mauvais sentiments et toutes les violences qui sont fondées sur lui.

III. 1894. **N.-L. Tolstoï** (1828/1911).

C'est un devoir national et un devoir humain de remiser « le chauvinisme » dans les musées de l'armée. 14. II. 1920. **R. Veyssié.**

---

(1) Le lecteur qui désirerait approfondir cette question consultera notre prochain ouvrage intitulé : « Pour le patriotisme. Contre le chauvinisme ».

La date du 2 septembre 1870 évoque le souvenir de la bataille de Sedan. Chez le soldat français, il se rattachera à ces souvenirs un sentiment de confusion et de douleur... *le désir d'une revanche* ; chez le soldat allemand, un sentiment de fierté nationale, la volonté de défendre des provinces conquises ; chez tous...   1912. **Card. Mercier (1851/...).**
Chez tous, des sentiments nostristes, un esprit étroit, un chauvinisme malsain. L.

Comment les hommes se sentent-ils trop à l'étroit sur cette belle terre, sous l'infini de ce ciel étoilé ? Comment peuvent-ils nourrir des sentiments de haine et de vengeance, une rage de destruction de leurs semblables ? Tout ce qui grouille de mauvais dans le cœur de l'homme devrait se dissiper dans l'intimité avec la nature, cette expression absolue du beau et du bon.   **N.-L. Tolstoï (1828/1911).**

Misérables patriotes qui, pour aimer et servir un pays, ont besoin de ravaler les autres, les autres grandes forces morales de l'humanité !
         1905. **J. Jaurès (1859/1914).**

Les haines nationales ne sont plus qu'un préjugé vieilli.
         J. Simon (1814/96).

Tous les hommes d'Etat doivent tenir la main à ce que la politique de leur pays ne suive pas la voie étroite de l'orgueil national, mais soit basée sur des principes d'humanité et de services réciproques.
         19. VI. 1919. **W. Wilson (1856/...).**

Que chacun ait égard non pas à ses propres intérêts, mais à ceux des autres !   **St-Paul (env. 10/64),** *Phil. II.* 4.

Il faudra chercher à mettre les intérêts particularistes d'accord avec la prospérité générale de la grande Société humaine.
         VIII. 1917. **Benoît XV (1853/...) (1).**

---

(1) Les gens les plus méprisables du monde sont ceux qui règlent leurs opinions, non sur le vrai, le beau et le bien, mais sur leurs intérêts personnels. C'est le cas de beaucoup d'hypocrites qui se montrent patriotards, mais n'ont aucune conviction sincère; ils n'ignorent pas qu'en faisant appel à la passion chauvine, on est toujours sûr du succès du moment. Cette attitude, la majorité des savants officiels la prend aujourd'hui. Ce qu'ils désirent, ce n'est pas l'approbation de l'avenir : ils s'en moquent ! Il leur faut celle de leurs contemporains immédiats. Ils veulent jouir du présent et ils en subissent l'humiliante servitude. De cette manière, les caractères s'avilissent, l'intelligence s'atrophie, l'horizon se rétrécit et le pseudo-savant devient le jouet des passions du jour; il en arrive à prostituer son honneur professionnel en plaçant les intérêts de la science au-dessous des intérêts de la politique la plus mesquine. Actuellement, ils ne sont pas rares les soi-disants catholiques qui, atteints de la fièvre obsidionale, ont remplacé le culte de la religion chrétienne par celui du chauvinisme, cette superstition du patriotisme, et par la pratique stupide et féroce du ressentiment et de la haine.

Pour un catholique qui mérite ce nom, le vrai ennemi n'est pas l'adversaire de la grande guerre, mais bien l'anticatholique, le matérialiste, l'athée, le franc-maçon, le voltairien « libéral » (au sens belge), l'homme sans foi ni loi. Les vrais catholiques souhaitent d'avoir pour seuls ennemis les ennemis de l'Église. En Belgique, un des plus tristes effets du chauvinisme, le plus triste, c'est que beaucoup de catholiques, même des professeurs d'Université, ont perdu toute dignité en s'acoquinant avec de féroces anticléricaux, sous prétexte qu'ils sont des compatriotes ou des « alliés ». Le résultat, on pouvait s'y attendre, est désastreux ; car si le chauvinisme est fort en hausse, la foi religieuse est fort en baisse. Ces

PATRIE ET PATRIOTISME.

L'amour de la patrie est presque toujours mélange d'orgueil, d'intérêt...
et d'un certain enthousiasme factice...   **A. L. Thomas (1732/85).**

Le patriotisme n'est qu'un oubli momentané de l'intérêt personnel,
tandis que le christianisme est un système complet d'opposition aux
tendances dépravées de l'homme.   **H. de Balzac (1799/1850).**

L'enseignement évangélique de la charité envers le prochain ne s'enferme pas dans les limites de la patrie. 10. I. 1920. Y. de la Brière.

Le patriotisme est une noble vertu quand il tend à son objet par des
moyens sincères, honorables et strictement conformes à la loi de Dieu.
Sinon le patriotisme dégénère en une passion aveugle, brutale, indifférente à toutes les règles. Il s'inspire, non de l'amour du pays, mais de
Satan...   XI. 1920. **Card. Logue.**

[Pour comprendre] cette vérité grande et simple [l'amour de la patrie,
il est bon, il est sain] que se déchaîne le démon des guerres internationales,
qui fauchent des millions d'êtres. (Sic !!!) 8. IX. 1914. L. Luzzatti.

Le patriotisme a quelque chose d'injuste et de factice, outre qu'il
est intolérant, terrible et trop souvent cruel.
      P. S. Ballanche (1776/1847).

Le patriote est presque l'antagoniste du philanthrope.   **L. Pirel.**

Le patriotisme, c'est l'œuf des guerres !
      Guy de Maupassant (1850/93).

Celui qui sauve sa patrie ne viole aucune loi... A la guerre tout est
moral.   **Napoléon (1769/1821).**

Le patriotisme peut se trouver en opposition avec la morale religieuse.
      1914. **G. Le Bon (1842/...).**

...Toute action criminelle et honteuse, opposée à la loi éternelle, non
seulement ne doit pas être blâmée, mais elle tout à fait licite et digne
des plus grands éloges quand elle est inspirée par l'amour de la patrie.
      64e proposition *condamnée* par le **Syllabus.**

La religion chrétienne est venue rendre à l'amour de la patrie sa véritable mesure. Ce sentiment a produit des crimes chez les anciens, parce
qu'il était poussé à l'excès.   1802. **Chateaubriand (1768/1848).**

---

catholiques ont trahi leur sainte religion ; ce sont des apostats. En Belgique surtout, le chauvinisme a produit une perversion étonnante du
caractère et de la pensée. Le parti catholique belge se désagrège. Voici
une remarque qui est d'une éclatante vérité :

Nos modernes catholiques ont adoré les idoles d'un impérialisme et
d'un nationalisme exclusifs et ont à peu près perdu l'idée de la cité
chrétienne.   **Mgr Giesswein.**

La distinction entre les patriotes et les chauvins est aisée dans la plupart des cas. Voici un exemple :

Les vrais patriotes déplorent amèrement le sac de Louvain (dont
on semble avoir singulièrement sous-évalué la gravité au point de vue
de la haute culture en Belgique) et ils en sont presque inconsolables.
Mais les chauvins s'en sont réjouis dans le secret de leur âme, car cette
catastrophe gigantesque a fourni un aliment de plus à leur ressentiment
et à leur haine immenses dont ils s'enivrent et elle leur a donné le plaisir
malsain d'adresser un reproche de plus au peuple Allemand !

Ce sentiment a produit bien des crimes après l'antiquité et même tout récemment encore, parce que, poussé à l'excès et déformé, il a donné naissance au chauvinisme. **L.**

Nous nous devons à Dieu premièrement, puis à la patrie ; mais premièrement à la céleste, secondement à la terrestre.

1608. **St François de Sales** (1567/1622).

...Dans notre vraie patrie, les chaînes qui appesantissent notre corps, les limites que nous oppose l'espace, les rançons qu'il faut payer à la souffrance, et tout le stock de nos petits besoins et de nos mesquins désirs, n'opprimeront plus l'esprit enfin éveillé. Portons le fardeau courageusement et sans murmure jusqu'au bout ; mais ne perdons jamais de vue le but plus haut ; joyeux alors, quand l'heure sonnera, nous déposerons le fardeau et nous verrons le voile tomber !

K. F. Gauss (1777/1855).

Patria est ubicumque bene est.

M. Pacuvius (—219/—130). **Cicero** (— 106/—43).

Illa mihi Patria est, ubi pascor, non ubi nascor
Illa ubi sum pastus, non ubi natus eram,
Illa mihi Patria est, mihi quae Patrimonia praebet
Hic ubicumque habeo quod satis est, habito.

J. Owen (1616/83).

La patrie est là où est ce que l'on aime.

Mme N. Woillez (1781/1859).

[...Partout où nous allons] nous éprouverons la même révolution des saisons, nous verrons que le même Soleil et la même Lune dirigent le cours de l'année. Nous aurons partout sur nos têtes la même voûte azurée, parsemée d'étoiles... Pendant que nous sommes ravis par des contemplations pareilles, pendant que notre âme s'élève ainsi vers le ciel, peu importe la terre sur laquelle nous marchons. **H. Bolingbroke** (1678/1751).

Ma patrie, à moi, est partout où j'admire.

A. P. de Custine (1740/93).

Comme Antonin, ma patrie est Rome ; comme homme, ma patrie est le Monde. **Marc-Aurèle** (121/80).

La première chose qui a faussé... la notion de patrie est la confusion... avec le gouvernement qu'elle se donne ou qu'elle subit ; puis la confusion du gouvernement lui-même avec l'homme qui l'exerce ou qui la personnifie... Des émigrés ont emporté « la patrie à la semelle de leurs bottes ».

1910. **L. Baunard** (1828/1918).

N'espérons que dans le Ciel et nous ne craindrons plus l'exil ; il y a dans la religion tout une patrie. **Chateaubriand** (1768/1848).

...Ego vero bona omnia mecum porto...

Bias (—vie s.), rapporté par **Cicéron** (—106/—43).

L'artiste a pour patrie le monde entier. **G. Sand** (1804/76).

La civilisation tout entière est la patrie du poète. **Hugo** (1802/85).

Le sage doit être cosmopolite ; il ne doit avoir de pays que là où règnent le bon sens et la raison ; et de compatriotes que ceux qui, comme lui, s'attachent à la recherche du vrai. **P. L. Massac.**

Quiconque cherche la vérité, ne doit être d'aucun pays.

Voltaire (1694/1778).

La science positive n'a pas de patrie.   1904. **A. Fouillée** (1838/1912).
En philosophie, il n'y a d'autre patrie que l'humanité.
V. Cousin (1792/1867).
Le prêtre patriote est un non-sens. Le prêtre ne doit appartenir qu'à
Dieu (1).   **H. de Balzac** (1799/1850).
Devant la Science et le Droit, il faut imposer silence au Patriotisme,
se dépouiller de toute passion.   1916. **Edm. Picard** (1836/...).
Jamais homme éminent n'a gardé pur, c'est-à-dire entier, l'accent de
ses compatriotes.   **J. Joubert** (1754/1824).
Qui ne serait patriote que par raison, le serait fort peu.
XI. 1917. G. Le Bon (1842/...).
Non sum uni angulo natus : patria mea totus hic mundus est.
Sénèque (2/66).
L'idée de Patrie, c'est-à-dire l'obligation où l'on est de vivre sur un
coin de terre marqué en rouge sur la carte, et de détester les autres coins
en vert, m'a paru toujours étroite, bornée et d'une stupidité féroce. Je
suis le frère en Dieu de tout ce qui vit...   **G. Flaubert** (1821/80).

> ...Et pourquoi nous haïr, et mettre entre les races,
> Ces bornes ou ces eaux qu'abhorre l'œil de Dieu ?
> De frontières au Ciel, voyons-nous quelques traces ?
> Sa voûte a-t-elle un mur, une borne, un milieu ?
> Nations ! mot pompeux pour dire barbarie ;
> L'amour s'arrête-t-il où s'arrêtent vos pas ?
> Déchirez ces drapeaux. Une autre voix nous crie :
> « L'égoïsme et la haine ont seuls une patrie,
> La fraternité n'en a pas ! »

Lamartine (1790/1869).
Si le patriotisme se conserve, c'est par la force d'inertie ; c'est aussi
parce que les gouvernements, sentant que leur existence y sont liés,
s'efforcent de l'entretenir par ruse et par force, à l'aide de l'école et de la
presse vénale (2), dans l'esprit du peuple... Le patriotisme est, en effet,

---

(1) Le prêtre est retiré par Dieu de la masse des hommes et chargé de
le représenter dans les choses qui concernent leur relation avec Dieu.
St Paul (env. 10 /64). *Ad Hebr. III.*
Les devoirs du prêtre ont un caractère tout divin et ... l'autorité de
son ministère ne peut jamais être mise au service d'intérêts humains...
...Dans l'exercice de la prédication sacrée, les prêtres ont pour unique
objet l'explication du Dogme et de la Morale. Ils n'ont pas à traiter des
sujets étrangers à leur mission surnaturelle...
10. II. 1921. **Benoît XV** (1853 /...).
Convient-il que des prêtres, en chaire de vérité, entretiennent leurs ouailles des intentions allemandes au sujet du payement de l'indemnité de guerre et d'autres choses
analogues ?
(2) La presse périodique permet d'égarer toute une nation.
H. de Balzac (1799/1850).
La presse est une école d'abrutissement, parce qu'elle empêche de
penser.   1871. **G. Flaubert** (1821/80).
Qu'une nation toute entière puisse être égarée par la presse périodique,
cela se vérifie actuellement pour l'Angleterre :
« Dans la plus grande partie de la presse anglaise existe une conspi-
ration du silence qui empêche la grandeur de nos épreuves [à nous, Irlan-

une exaltation qu'on excite dans le peuple... et qu'on fait passer pour l'expression même de la volonté du peuple... Le patriotisme, c'est l'esclavage.   III. 1894. L. N. Tolstoï (1828/1911).

Pour l'homme qui vit en esprit, il ne saurait y avoir de patrie.
                                1890. L. N. Tolstoï (1828/1911).

Un ensemble de préjugés et d'idées bornées, voilà la patrie !
                                                E. Renan (1823/92).

Patriotisme ! Fétichisme ! Crétinisme ! (1)   H. Berlioz (1803/69).

Ce ne sont pas les dogmes religieux qui ont institué le sentiment de la patrie.   VIII. 1896. M. Berthelot (1827/1907).

Un chrétien, selon le véritable esprit de l'Eglise, ne doit être occupé que de la patrie céleste.   Grimm (1723/1807).

La patrie du chrétien n'est pas de ce monde.
                            Env. 1760. J.-J. Rousseau (1712/78).

Le Ciel est ma patrie !   1848. L. Baunard (1828/1918).

INTERNATIONALE.

Notre Etat nous doit être plus précieux que notre famille, qui n'en fait qu'une légère partie.   Louis XIV (1638/1715).

J'aime mieux ma famille que moi-même, j'aime mieux ma patrie que ma famille, mais j'aime encore mieux le genre humain que ma patrie.
                                            Fénelon (1651/1715).

De même que celui qui défend sa patrie s'ennoblit, il s'ennoblit plus encore celui qui défend l'humanité.
                            Env. 10. VI. 1918. Edm. Picard (1836/ ...).

Patria mea totus hic mundus est.   Sénèque (2/66).
L'artiste a pour patrie le monde entier.   G. Sand (1804/76).
La civilisation tout entière est la patrie du poète.   Hugo (1802/85).
La science positive n'a pas de patrie. 1904. A. Fouillée (1838/1912).
En philosophie, il n'y a d'autre patrie que l'humanité.
                                            V. Cousin (1792/1867).

Quiconque cherche la vérité ne doit être d'aucun pays.
                                            Voltaire (1694/1778).

L'individualité, dans tout homme, est chose autrement importante que la nationalité.   A. Schopenhauer (1788/1860).

Il y a dans le monde une nation d'honnêtes gens et de gens d'esprit qui sont tous compatriotes.   .   Voltaire (1694/1778).

Pour l'homme qui vit en esprit, il ne saurait y avoir de patrie.
                                1890. L. N. Tolstoï (1828/1911). ·

---

dais], d'être connues. Tout ce qui favorise notre cause est supprimé, tout ce qui lui est hostile est répandu avec profusion. Ainsi, le peuple anglais lui-même ne connaît que peu de chose de l'état épouvantable auquel l'Irlande est réduite. »   Env. 25. II. 1921. Card. Logue.

La Belgique aussi a été, jadis, égarée par sa presse. Nous le prouverons plus loin.

(1) Nous ne sommes pas de cet avis-là, mais nous disons : *Chauvinisme* ! Fétichisme ! Crétinisme !

Nations ! mot pompeux pour dire barbarie ;
L'amour s'arrête-t-il où s'arrêtent vos pas ?
Déchirez ces drapeaux. Un autre voix nous crie:
« L'égoïsme et la haine ont seuls une patrie,
La fraternité n'en a pas ! »   **Lamartine** (1790/1869).

Les divisions d'intérêts que des hommes pervers ont semées parmi les nations et qu'ils cultivent avec tant de soin parce que, selon la maxime machiavéliste, ils en recueillent les fruits, ne sont point nécessaires. Le moment approche où les peuples comprendront qu'ils appartiennent tous à une même famille et que le patriotisme ne doit plus rien avoir d'étroit ni d'exclusif, mais qu'il peut et doit s'allier à un sentiment plus élevé : le respect pour les droits de l'humanité.
                    1870. **P. Larroque** (1801/79).

La civilisation toute entière est la patrie du poète. Cette patrie n'a d'autre frontière que la ligne sombre et fatale où commence la barbarie. Un jour, espérons-le, le globe entier sera civilisé ; tous les points de la demeure humaine seront éclairés, et alors sera accompli le magnifique rêve de l'intelligence : avoir pour patrie le monde... **Hugo** (1802/85).

Il faut désormais avoir l'esprit européen. **Mme de Staël** (1766/1817).

L'Europe marche à pas de géant vers la réunion de nos petites patries mesquines. Pour réaliser ce progrès immense, qui nous achemine aux Etats-Unis, il faut que les peuples se pénètrent... Comment se pénétreront-ils si le Français est incapable d'admirer la grandeur de l'esprit et les beautés de l'âme allemande ?   1904. **A. Naquet** (1834/1906).

Quelles que soient les antipathies momentanées et les jalousies de frontières, toutes les nations policées appartiennent au même centre et sont indissolublement liées entre elles par une secrète et profonde unité. La civilisation nous fait à tous les mêmes entrailles, le même esprit, le même but, le même avenir.   **V. Hugo** (1802/85).

Ne considérez pas les hommes de nationalités différentes de la vôtre comme des ennemis ; mais considérez tous les hommes comme des frères et entretenez avec eux les mêmes rapports qu'avec ceux de votre nation. C'est pourquoi, non seulement ne tuez pas ceux qu'on appelle des ennemis, mais aimez-les et faites-leur du bien.   **L. N. Tolstoï** (1828/1911).

Quand je me trouve sur une colline d'où la vue domine la plaine, voici l'idée qui sans cesse me torture : là-bas, dans la vallée, la guerre fait rage ; ces lignes brunes qui sillonnent le paysage sont pleines d'hommes qui se trouvent face à face, comme ennemis. Et là-haut, sur la colline, devant toi, se tient peut-être un homme qui, comme toi, contemple les bois, le ciel bleu, et qui peut-être rumine les mêmes pensées que toi. son ennemi !...   28. XI. 1914. Un soldat allemand.
          (Lettre à l'Agence Suisse des prisonniers) (1)

Oui, j'ai vu ces immenses tranchées dans lesquelles on enterre les morts, Russes, Français, Prussiens, tous pêle-mêle, comme Dieu les avait faits

---

(1) D'innombrables lettres analogues, du plus pur accent pacifiste ont été publiées. « Du fond des champs de bataille, dit R. Rolland (14. VI.1915), ces voix d'une minorité sacrifiée s'élèvent comme une condamnation vengeresse des oppresseurs ».

pour s'aimer, avant l'invention des plumets et des uniformes, qui les divisent au profit de ceux qui gouvernent. Ils sont là ; ils s'embrassent ; et si quelque chose revit en eux, ce qu'il faut bien espérer, ils s'aiment et se pardonnent, en maudissant le crime qui, depuis tant de siècles, les empêche d'être frères avant la mort.

1864. Erckmann (1822/99), Chatrian (1826/90).

Parmi ces millions d'hommes qui ne savent être qu'Allemands, Autrichiens, Français, Russes, Anglais, etc., etc., efforçons-nous d'être *des hommes*, qui, par delà les intérêts égoïstes des nations éphémères, ne perdent pas de vue ceux de la civilisation humaine tout entière, — cette civilisation que chaque race identifie criminellement avec la sienne, pour détruire celle des autres.

12. I. 1915. R. Rolland (1866/...) à *Fr. Van Eeden.*

Toute la terre est une même patrie et tous les hommes sont des frères, qui doivent partager entre eux les biens que la nature leur offre à tous

Apollonius de Tyane (Ier siècle).

Chaque Puissance, grande ou petite, ne peut prétendre à la satisfaction de tous ses intérêts. Des transactions réciproques sont nécessaires.

San Guliano.

Il faudra chercher à mettre les intérêts particularistes d'accord avec la prospérité générale de la grande Société humaine.

VIII. 1917. Benoît XV (1853/...).

L'avenir des nations civilisées dépend de la réconciliation entre le nationalisme et l'internationalisme. Schucking.

Qu'est-ce que l'esprit international...? C'est tout simplement l'habitude de comprendre les autres peuples, de savoir se mettre à leur place à certains moments et de les considérer comme des collaborateurs dans l'effort nécessaire pour faire avancer la civilisation..., répandre la lumière et la culture à travers le monde. Une fois ce point de vue acquis, s'emparer d'une parcelle de territoire est aussi contraire aux principes de morale et de justice que de dérober la bourse de son voisin. Murray Butler.

Les richesses intellectuelles du monde ... forment un patrimoine commun à tous les peuples ; la crainte de les voir périr devrait constituer un motif puissant de maintenir la Paix entre les hommes.

W. Ostwald (1853/...).

La solidarité qui lie les peuples leur fait à tous un intérêt comme un devoir de s'unir dans le but de prévenir les conflits dont souffrent le monde entier et la civilisation même.

1. I. 1921. E. A. Millerand (1859/...).

[Je suis partisan d'une entente internationale qui unira toutes les forces morales du monde, y compris l'Amérique, pour assurer le règne de la paix et de la justice entre les nations.]

X. 1920. W. G. Harding (1865/...).

Sans effacer les traits distinctifs de nos nationalités et de nos races, sans méconnaître ni tenter d'affaiblir l'originalité des peuples, leurs facultés, leurs vocations propres, efforçons-nous d'assumer leur collaboration à l'œuvre du bien commun. Servons l'humanité, cherchons ensemble à préparer et à réaliser par étape le règne tant rêvé de la morale internationale et du droit commun. 15. XI. 1920. P. Hymans.

Ce qui s'impose, ce n'est pas l'équilibre, c'est l'union des puissances..
25. I. 1917. W. Wilson (1856/...).

La Société des Nations est déjà nommée en 1888, dans l'Encyclique aux évêques brésiliens, du pape Léon XIII. Les papes sont des devanciers (1), mais beaucoup de catholiques militaristes sont des retardataires (question d'intérêts).
L.

Nous [de la Société des Nations] avons donné au monde un grand espoir.
1920. P. Hymans.

Telle qu'elle est, la Société des Nations peut être utile ; elle l'a déjà prouvé au point de vue humanitaire, dans la lutte contre les fléaux, les épidémies, la débauche...
25. II. 1921. M. Sangnier.

Avec ses imperfections, la Société des Nations est, après tout, le seul effort organisé qui ait été fait jusqu'à présent pour mettre en pratique les désirs réitérés du Souverain Pontife.
11. 1921. Card. Bourne.

Cette Société des Nations apparaît comme une institution vivante et agissante. Le noble dessein, si souvent entrevu, ou même tenté au cours des siècles, pour maîtriser les instincts de violence par le respect du Droit, l'Humanité en voit aujourd'hui l'épanouissement.
22. XI. 1920. H. Carton de Wiart (1869/...).

Si la Société des Nations avait existé en 1914, la guerre eût été impossible.
1920. D. Lloyd George (1863/...).

Le Pape devrait avoir à la Société des Nations une place digne de lui. La participation du Saint-Siège aux délibérations donnerait seule confiance aux millions de catholiques répandus sur le globe. Mais les francs-maçons continentaux, antichrétiens et « libres-penseurs », ne seraient-ils pas assez intelligents pour le comprendre...? (2)
L.

L'INTERNATIONALE CHRÉTIENNE

A la chère mémoire de
V a n d e r p o l ,
le courageux pacifiste chrétien,
je dédie respectueusement
ce chapitre.

Sachant combien douce est la charité, combien délectable est l'union, [Sainte Église de Dieu] tu ne prêches que l'alliance des nations, tu ne soupires qu'après l'union des peuples... (3).
589. Saint Léandre (540/96), *évêque de Séville.*

---

(1) On peut toujours constater que l'Eglise marche la première dans la carrière de la civilisation. **Fr.-G.-P. Guizot** (1787/1874).

(2) Relativement à l'internationale et à la Société des Nations, voir aussi le chapitre : *Reprise des relations...*

(3) L'idée de la fraternité universelle jetée dans le monde par l'Évangile avait fait germer pour la première fois celle de la fraternité des nations. A la Société internationale née de lui, le christianisme avait assuré les conditions nécessaires à son fonctionnement : une morale commune à tous les peuples pour fixer leurs rapports ; un intérêt commun, celui de la chrétienté. ...La Réforme est venue. L'individualisme religieux qu'elle a introduit a conduit à l'anarchie d'abord, et, comme remède à celle-ci, au despotisme religieux des États et ainsi à leur despotisme politique... Pendant cinq siècles, l'Europe vécut sous le régime de l'individualisme ethnique et de l'égoïsme national. X. 1920. **Mgr. P. Ladeuze** (1870/...).

Universalistes, humanitaristes... la Grande Internationale de l'avenir, c'est l'Eglise catholique... patrie universelle, mais patrie des âmes unifiées.　　　　　　　　　　　　Env. 1905. **L. Baunard** (1828/1918).

L'Église [catholique]... sauvegarde toujours et proclame toujours au-dessus même des diverses patries, les exigences de la charité humaine, résultat du fait de la fraternité.　　　　　　　I. 1921. **G. Goyau.**

L'Internationale socialiste (1) ne sort pas plus intacte de l'épreuve actuelle [la guerre de 1914] que l'internationale maçonnique...
　　　　　　　　　　　　　　　　30. I. 1915. **F. Neuray.**

Seule l'internationale catholique a donné un signe patent de vitalité autonome : cela s'est passé en Allemagne quand on y a connu la nouvelle de l'arrestation du cardinal M e r c i e r. L'émotion des Allemands catholiques a été telle que l'administration impériale a dû retirer ses décrets et démentir ses actes...　　　　　2. II. 1915. **Ch. Maurras** (1868/...).

Aucune internationale, même si nous n'étions pas catholique, ne nous paraîtrait plus bienfaisante que l'Eglise romaine.　　1915. **F. Neuray.**

Trop longtemps déjà, les catholiques, dans une triste passivité, ont laissé libre jeu à des partis, à des coteries politiques et à des hommes d'Etat areligieux ou athées et, pratiquement au moins, antithéistes et antichrétiens, pour régler les affaires du monde dans la vie nationale et surtout internationale des peuples...
　　　　　　　　　　　25. II. 1921. **R. P. H. Gruber, S. J.**

Je ne découvre aucune chance de paix durable en dehors du catholicisme... Le moment me paraît venu, pour les catholiques européens, de s'affirmer comme une force politique régissante... Je ne vois pas de solution à la crise mondiale, en dehors d'une entente concrète, débattue à ciel ouvert, entre les catholiques français, allemands, irlandais, autrichiens et hongrois.　　　31. I. 1920. **R. Johannet.**

Il faudrait instaurer chez nous [en France] une politique résolument catholique, qui rallierait à nous : et le pays rhénan et la Bavière et l'Autriche allemande.　　　　　　14. II. 1920. **H. Ghéon.**

Si nous [catholiques] ne nous groupons pas pour défendre la Pologne contre le bolchevisme, la Palestine contre le Sionisme, l'Irlande contre l'orangisme, l'Autriche et la Hongrie contre le luthérianisme, si nous ne

---

(1) Au même titre que tout effort économique, moral, scientifique, qui établit des rapports entre les peuples, [les Internationales ouvrières] peuvent contribuer efficacement au maintien de la paix, à condition qu'elles tendent bien à créer des rapports entre nations, et non à unir simplement les classes pour les dresser contre d'autres classes. L'Internationale de Moscou, par exemple, qui tend à préparer une guerre violente entre classes que nous ne réprouvons pas moins que la guerre entre nations, n'est pas ouvrière de paix mondiale.　　　　**G. Hoog.**
Nous ajouterons que le socialisme a déclaré une guerre acharnée au catholicisme, principal obstacle à ses vues. Grâce au relâchement de la morale chrétienne dans les nations de l'Europe pendant la guerre, cette lutte devient inquiétante. C'est pourquoi la constitution d'une Internationale démocratique chrétienne, à côté de l'Internationale socialiste, serait très opportune en ce moment, et il faut applaudir à l'opinion du publiciste italien Don V e r c e s i. Cette Internationale doit faire une propagande pacifiste active.

savons pas nous organiser, entre intellectuels et travailleurs catholiques,
contre la propagande des idées, des doctrines adverses, notre situation
en Europe deviendra bientôt intenable, alors qu'elle pourrait faire envie.

I. 1921. R. Johannet.

Instaurer une Internationale catholique dont l'Allemagne serait provi-
soirement bannie, le procédé n'est ni sérieux ni charitable. Ou c'est une
feinte ou c'est une plaisanterie presque odieuse... Volontiers les catholiques français et belges songent aux forces catholiques allemandes (1),
comme à l'une des ossatures les plus résistantes d'Europe, pour s'opposer
à la désagrégation communiste russe et asiatique. Sur ce terrain..., ils
sont tout disposés à agir de concert avec les catholiques allemands.

I. 1921. R. Johannet.

Benoît XV, dans son encyclique (2) du 28 mai 1920, émettait le vœu
que tous les États « se réunissent en une association, ou plutôt en une
sorte de famille, apte aussi bien à conserver la liberté de chacun qu'à
protéger l'ordre de la société humaine » ; et pour cette œuvre, il offrait
aux États le « concours zélé de l'Église, modèle parfait de Société universelle et qui possède, par son organisation même et par ses institutions,
une merveilleuse force pour unir les hommes ».

L.

La fraternité dans le Christ est plus précieuse que celle du sang.

20. VIII. 1901. Léon XIII (1810/1903).

Vive l'Internationale Chrétienne (3) !

---

(1) Les catholiques allemands ont fait une active propagande pacifiste
pendant la guerre, comme nous le verrons.

En Allemagne catholique on ressent très profondément le besoin d'une
collaboration basée uniquement sur les vrais principes et sentiments
chrétiens, à l'exclusion de considérations égoïstes nationales. Parmi les
tentatives d'organisations internationales, bornons-nous à mentionner les
suivantes :

1º Des hommes dirigeants du *Centre catholique allemand* ont consenti
à prendre part au Congrès projeté par le *Partito popolare* à La Haye ;

2º Une Internationale des syndicats ouvriers chrétiens a déjà été
fondée à La Haye (16-24 juin 1920) ;

3º Il existe une grande Union d'académiciens catholiques allemands
avec tendance à une organisation internationale (voir *Das Neue Reich*,
Vienne, 30 mai 1920 et *Köln.-Volkztg*, nº 687) ;

4º Des efforts systématiques sont faits pour fonder une Internationale
d'étudiants catholiques (*Köln. Volkztg*, nºs 499, 665, 507 ; *Germania*,
nº 151) ;

5º Il existe un « Friedensbund deutscher Katholiken », à Berlin, avec
tendance à l'internationalisation (*Germania*, nº 374, Beilage) ;

6º Les 10-17 août, à La Haye, s'est constituée une Internationale
catholique Esperantiste « Croix Blanche » (*Germania*, nº 394).

Dès l'automne 1917, E r z b e r g e r avait préconisé sincèrement une
entente des peuples et le désarmement général. Voir son ouvrage : *La
Ligue des Nations*.

(2) Chose curieuse, on a fait le silence, en Belgique, sur l'Encyclique
(récente) relative à la réconciliation des peuples. Impossible de se la
procurer en français ; en flamand, on y parvient. Les Belges aiment mieux
danser que de lire l'Encyclique ! Triste signe des temps !

(3) Des personnalités catholiques dirigeantes de différents pays d'Europe
ont formé le projet de fonder une Internationale chrétienne *dans le domaine
politique*, à l'instar de ce qui a été réalisé dans le domaine social. L'ini-

MILITARISME.

...L'éclat qui lui vient [au royaume] des beaux-arts n'est qu'un accessoire, au lieu que l'avantage qu'il reçoit des talents militaires est un:
point capital.   **Louis XVI (1754/93).**

Les Allemands eux-mêmes ont peut-être des idées moins barbares que celle-là !

La conception politique qui fait de la force des armées le fondement
de la grandeur d'une nation est dégradante pour un peuple chrétien...
Les préparatifs guerriers sont une provocation évidente à la guerre et
constituent une tentation de faire la guerre : l'idéal de l'armée, c'est la
guerre !   **L.**

Il est absurde de penser qu'un Etat, dont l'indépendance et la neutralité sont garanties par des traités solennels, soit obligé d'être toujours
préparé à défendre cette neutralité contre le premier belligérant venu
qui, avec ou sans prétexte, pourra juger bon d'envahir son territoire.
                                        H. J. W. Frère–Orban (1812/96).

Ce n'est pas M. W o e s te qui a écrit cela ! Et l'on a eu bien tort de le lui reprocher !

Sitôt qu'un Etat augmente ce qu'il appelle ses troupes, les autres
soudain augmentent les leurs; de sorte que l'on ne gagne rien par là que
la ruine commune.   **Montesquieu (1689/1755).**

On choisit [pour les armées] tous les jeunes gens sains et robustes...
Au contraire, tous les jeunes gens malades, débiles, affectés de vices
corporels, sont dédaignés par la sélection militaire... Tandis que la fleur
de la jeunesse perd son sang et sa vie sur les champs de bataille, le rebut
dédaigné, bénéficiant de son incapacité, peut transmettre à ses descendants toutes les faiblesses et toutes les infirmités.
                                        1874. E. Haeckel (1834/1919).

Tous les hommes valides, en France, furent envoyés au front, sans
égard pour leur valeur intellectuelle... Toute une génération d'intellectuels a été sacrifiée.   **V. 1920. A. Fribourg.**

« Les intérêts militaires avant tout ! »

Pour la concurrence des peuples, la protection qu'un pays accorde
aux sciences, chez lui, est incomparablement plus efficace que la construction de navires de guerre et l'entretien des armées.
                                        1909. W. Ostwald (1853/...).

Les progrès qu'a faits l'art militaire ont été funestes à l'humanité.
Il ne peut plus y avoir de liberté dans les nations qui ont besoin, pour
leur sûreté, d'entretenir ce qu'on appelle des troupes réglées.
                                        1773. Condorcet (1743/94).

---

tiative de cette nouvelle Internationale est spécialement due aux
Italiens S t u r z o, C a v a z z o n i et autres...

Le projet a été très favorablement accueilli dans tous les milieux catholiques de France, Belgique, Suisse, Tchéco-Slovaquie, Autriche, Hongrie,
Luxembourg, Allemagne, Hollande, etc., etc.

Au moment de la correction des épreuves (début de mars 1921), nous
apprenons que l'Internationale catholique est actuellement entrée dans
le domaine de la réalité, grâce aux dirigeants du Parti populaire italien.
Le siège central de cette Internationale sera établi dans la Ville-Éternelle
et le secrétariat à Bruxelles. Hurrah !

Nos armées modernes sont trop nombreuses.

Louis–Philippe Ier (1773/1850).

L'armée est un vice de notre temps (1). **A. de Vigny** (1797/1863).

(L. n'est pas suspect !)

L'armée est une troupe d'hommes qui suivent aveuglément les ordres d'un chef dont ils ne savent pas les intentions; c'est une multitude d'âmes, pour la plupart viles et mercenaires, qui, sans songer à leur propre réputation, travaillent à celle des rois et des conquérants.

E. Fléchier (1632/1710).

Un des côtés réellement désastreux du militarisme est qu'il comporte comme conséquence nécessaire l'absorption de l'individu par l'Etat.

XI. 1916. G. Le Bon (1842/...).

L'homme ainsi absorbé perd beaucoup de sa dignité. Le militarisme provoque toutes les régressions et une véritable bestialisation.   **L.**

En interdisant aux militaires l'usage de leur faculté de raisonner, on leur ôte insensiblement l'intelligence du bien et du mal.

1870. P. Larroque (1801/79).

Est-ce qu'un esclave peut être un homme libre ?

1915. Lord Dysart, *faisant allusion à la conscription*.

Le socialisme collectiviste et le militarisme conduisent exactement au même résultat : la servitude.   **XI. 1917. G. Le Bon** (1842/...).

G. Le Bon n'est pas suspect !

L'organisation des grandes armées permanentes n'est autre chose qu'un nouveau genre d'esclavage...

Card. V.-A. Dechamps (1810/83).

Dès qu'un peuple possède une forte armée, il cherche fatalement à l'utiliser.   **XI. 1916. G. Le Bon** (1842/...).

Le militarisme conduit fatalement au banditisme international.

1. VIII. 1919. Gl **G. M. Leman** (1851/1920).

Le plus universel et le plus sûr de tous les droits, c'est le droit du canon !

A. Brialmont (1821/1903).

120.000 manuscrits grecs furent détruits, en 1452, dans le sac de Constantinople par les Turcs. Et Louvain ! — Qu'importe ? « Les intérêts militaires avant tout ! » L.

La « nation armée » cache le retour de la civilisation aux fureurs des temps barbares.   **1910. Mgr L. Baunard** (1828/1913).

Refréner les instincts belliqueux, ... supprimer les soucis de ce qu'on a coutume d'appeler la « paix armée », c'est une tâche très noble.

11. VII. 1911. Pie X (1835/1914).

... Étouffons chez l'enfant ces instincts sanguinaires
Que la nature ingrate éveilla chez nos pères !
Il est d'autres chemins qui nous mènent à la gloire,
Que ces ruisseaux de sang qui souillent notre histoire.

1871. Alph. Proost (1847/...).

---

(1) L'anarchie occidentale date de cinq siècles.

Aug. Comte (1798/1857).

Pendant cinq siècles, l'Europe vécut sous le régime de l'individualisme ethnique et de l'égoïsme national. X. 1920. **Mgr P. Ladeuze** (1870/...).

Sous le régime militariste.

Les idées n'ont pas de plus grands ennemis que les intérêts... On rencontre souvent dans le monde des gens trop éclairés pour entreprendre l'apologie théorique de la guerre, et qui, si vous les pressez de se prononcer contre les institutions militaires, s'y refusent obstinément. Ils n'ont pourtant rien à objecter contre nos principes... Mais vous apprenez par hasard que celui-ci a un fils, cet autre un frère ou un cousin, officier dans l'armée ou dans la marine...   1870. P. Larroque (1801/79).

Quand la raison est contre l'intérêt d'un égoïste, il ne manque jamais d'être contre la raison.   Th. Hobbes (1588/1679).

Pourquoi se fait-on dans le monde des consciences erronées, sinon parce qu'on a dans le monde des intérêts à sauver ? Bourdaloue (1632/1704).

Il est impossible de faire entendre raison à ceux qui ont adopté une façon de penser conforme à leur intérêt.   Clément XIV (1705/74).

Les despotes trouvent toujours les penseurs de trop dans leurs affaires.
                                       Mme de Staël (1766/1817).

Le son du tambour dissipe les pensées : c'est par cela même que cet instrument est éminemment militaire.   J. Joubert (1754/1824).

Je raisonne mal quand j'entends battre un tambour.
                                       Chateaubriand (1768/1848).

On raisonne mal les poings tendus. Le bruit ne fait pas de bien, le bien ne fait pas de bruit.   11. III. 1911. G. Hanotaux (1853/...).

Les activités de l'homme d'épée et de l'homme de plume se repoussent plus qu'elles ne s'attirent. La pensée a conscience que son empire est indépendant de la force, la force redoute d'instinct le contrôle de la pensée (1).   1915. Et. Lamy (1845/1919).

Nations de la Terre, au lieu d'être dirigés par des philosophes, des savants et des législateurs, nous sommes commandés par des militaires, des financiers et des marchands de fer. Ce qui, évidemment, n'est pas l'idéal !   14. II. 1920. G. Delaquys.

Ni l'ordre international fondé sur le militarisme, ni l'ordre social fondé sur la puissance de l'argent, ne peuvent nous satisfaire.
                                       10. I. 1921. M. Lacroix.

...L'histoire fera justice des bourreaux de leurs peuples. Et les peuples apprendront à se délivrer de leurs bourreaux.
                                       14. VI. 1915. R. Rolland (1866/...).

Le jour où les baïonnettes penseront, nous serons perdus.
                                       Frédéric II (1712/86).

Le pire ennemi n'est pas au dehors des frontières, il est dans chaque nation, et aucune nation n'a le courage de le combattre... Contre l'impérialisme, cette volonté d'orgueil et de domination, qui veut tout absorber, ou soumettre, ou briser... reprenons la devise de Voltaire : *Ecrasons l'infâme*.   15. IX. 1914. R. Rolland (1866/...).

------

(1) M. H. Carton de Wiart, catholique, homme de plume, homme d'esprit et de progrès, espère (18.XII.1920) que « dans la Belgique de demain... l'esprit et la science auront la place qui leur revient : la première ». M. A. Devèze, « libéral », homme d'épée et... type de l'arriviste, demande aux savants hygiénistes de lui fournir une chair à canon bien saine, la Belgique devant, pour réaliser son idéal, « devenir une puissance militaire de premier ordre ! » Des deux, quel est le rétrograde ?

Voltaire s'est rendu odieux par cette devise, car c'est le clergé et les catholiques qu'il voulait atteindre. Mais nous, visant, comme R. Rolland, l'impérialisme militariste et chauvin (qui n'a absolument rien de commun avec le Christianisme !), nous disons aussi :

Écrasons l'infâme ! (1)

SERVICE ET CARRIÈRE MILITAIRES (2).

Toutes les guerres ne viennent que du désir d'amasser des richesses... [Cette cupidité] nous empêche de nous livrer à la philosophie.

Platon (—429/—348).

Si les peuples étaient philosophes, ils ne se battraient point.

Frédéric II (1712/86), L. Hoche (1768/97), J.-B. Krantz (1817/89).

Le philosophe, dédaignant les affaires humaines et s'occupant de ce qui est divin, est blâmé par la foule et considéré comme insensé...

Platon (—429/—348).

Toute personne qui pense fortement fait scandale.

H. de Balzac (1799/1850).

Même si elle pense *bien*, il importe de le noter.

Penser, c'est s'attirer la haine irréconciliable des ignorants, des faibles, des superstitieux et des dépravés.   **Aristippe (env. —390/...).**

Et aussi de presque tous les militaires !

---

(1) ...En Allemagne même, l'esprit que nous haïssons, l'esprit de la caste militaire et des pédants mégalomes est combattu, en pleine guerre, par une élite... Cet esprit de critique a pénétré certains des combattants et même a fait son apparition parmi les officiers allemands.
29. IV et 14. VI. 1915. R. Rolland (1866/...).
De ce côté-ci du Rhin on ignore trop (ou l'on veut trop ignorer !) l'œuvre pacifiste des catholiques allemands pendant la guerre. En 1916, le prêtre Dr M. J. Metzger, dans *Banqueroute ou triomphe du christianisme*, protesta de toutes ses forces contre les horreurs de la guerre et les violations du droit des peuples. La même année parut une brochure, *Le démon de la guerre*, du prêtre bavarois Dr Textor, dans laquelle il condamne la tuerie en masse, criant au ciel. En 1917, Metzger écrivit : *Haine de races ou Paix des peuples* et *Lutte de classe et la paix des Peuples*, tandis qu'un autre prêtre bavarois, M. l'abbé Wolfgruber, fit paraître son ouvrage *Bienheureux sont les pacifiques. Un appel au clergé*.
La place manque pour citer tous ces écrits.
Le Dr Roettcher, le secrétaire de la Société d'Edition « Paix par le Droit », vient de publier un catalogue de la récente littérature allemande pacifiste. Ce catalogue ne comprend pas moins de deux cents livres et brochures et plus de vingt revues.
Si tous les écrits publiés par les pacifistes catholiques allemands, pendant la guerre, sont si peu connus, c'est qu'ils furent presqu'aussitôt confisqués par le Militarisme ! Mais cela ne diminue en rien le mérite de leurs auteurs, bien au contraire !
Ajoutons que la *Ligue des Catholiques allemands pour la Paix*, affiliée dès 1917 à la *Ligue mondiale pour la Paix de la Croix-Blanche*, à Graz, a eu une sérieuse influence.
(2) Nous espérons que le Comité de Politique Nationale [belge] trouvera quelque chose à apprendre dans ce chapitre. Ce Comité, qui est encore plus belliqueux que le parti des pangermanistes (auquel il n'a absolument rien à reprocher !) a dans son sein : M. Nothomb, ultrachauvin, et M. Féron, encore bien plus chauvin !

Infinita è la schiera de' sciocchi !   **Fr. Pétrarque (1304/74).**
I see not what there is desirable in public esteem.
                                          I. Newton (1642/1727).
Les considérations du monde combattent souvent celles du Ciel.
                        5. XII. 1605. **Henri IV (1553/1610)**, *au clergé.*
On se fait souvent un grand nom en occasionnant de grands malheurs.
                                          Raynal (1713/96).
Si quelqu'un a égorgé un homme, on regarde le meurtrier comme un
criminel ; mais s'il a fait mourir des millions d'hommes, s'il a inondé
les campagnes de sang humain, s'il en a teint les rivières : il est admis
comme un Dieu, non seulement au temple, mais dans le Ciel...
                                          Lactance (260/325).
Combien de choses dignes de mépris, les hommes considèrent comme
des titres de gloire !   **Zamakhschari (1074/1144).**
C é s a r noya les Gaules dans le sang, et les Gaulois aimèrent C é s a r.
N a p o l é o n ouvrit les quatre veines de la France, et les Français ado-
rèrent N a p o l é o n !   1887. **J. Roux (1834/1905).**
Il est plus glorieux de tuer la guerre par la parole, que de tuer les
hommes par le fer.   **St Augustin (354/430).**
Je ne connais de grands hommes que ceux qui ont rendu de grands
services à l'humanité.   **Voltaire (1694/1778).**
Je hais les conquérants... Plus leur gloire a d'éclat, plus ils sont haïs-
sables.   **Voltaire (1694/1778)**, *au roi de Prusse.*
Il n'y a que les poltrons pour maudire les conquérants et les imbéciles
pour mépriser la gloire [militaire] !   **A. Brialmont (1821/1903).**
Ce sont encore les pacifistes qui, lorsque la guerre sévit, exposent
le plus courageusement leur tête.   **J. Simon (1814/96).**
Que sont A l e x a n d r e, C é s a r, P o m p é e, en face de D i o g è n e,
H é r a c l i t e, S o c r a t e ?   **Marc–Aurèle (121/80).**
Nous admirons le guerrier qui tombe frappé d'une balle après la victoire et nous lui élevons des statues... Mais il y a aussi les invalides de
la science, plus nombreux qu'on ne croit, et les souffrances sans nombre
qui leur sont imposées n'ont pas encore trouvé leur H o m è r e...
                        Env. 1909. **W. Ostwald (1853/...).**
Les seules conquêtes utiles, celles qui ne laissent aucun regret, sont
celles qu'on fait sur l'ignorance.   **Napoléon (1769/1821).**
Lorsque, récemment, l'un de vos journaux [français] fit voter ses
lecteurs sur cette question : « Quel est le plus grand de tous les Français ? »,
je fus ravis de voir que P a s t e u r obtint le plus grand nombre de voix...
Puis venait H u g o, suivi d'autres illustrations toutes pacifiques. N a p o-
l é o n n'était que le septième sur la liste. J'ose dire que le pays qui vote
ainsi est à l'avant-garde; ses habitants ont appris à distinguer les vrais
héros de la civilisation, ceux qui sauvent ou qui servent leurs frères,
et ils ont répudié les héros de la barbarie, ceux qui mutilaient leurs frères
ou les tuaient.   1909. **A. Carnegie (1837/1919).**
Power and glory gained by victory in war carry with them the humiliation and exploitation of the vanquished; and on both sides human
life is sacrified to causes which are often far from righteous. The con-

quests of science do not mean the aggrandisement of one country or people at the expense of another, but gifts to all who will receive them. The only domain which it is desired to penetrate is that of ignorance... Probably no granite block will record their actions or marble monument declare the renown of their leaders, but neither will their spirits be disturbed by the moans of the widow and fatherless which must ever be associated with the victories of military commanders

VI. 1916. R. A. Gregory (1864/...)

Est-ce ne pas aimer sa patrie que d'estimer les grands artistes, les grands savants — bienfaiteurs de l'Humanité tout entière — au-dessus des grands massacreurs qu'on appelle conquérants, et de mesurer la gloire au nombre des vérités dévoilées plutôt qu'à la quantité de sang humain répandu ?

1895. Ch. Richet (1850/...).

Quand les imbéciles humains comprendront-ils combien le plus illustre conquérant est au-dessous de la vieille femme qui fait de la charpie dans un coin ?

A. Karr (1808/90).

J'aimerais mieux le mérite d'avoir secouru un malheureux que la gloire [militaire] dont vous me parlez.

C. de Luxembourg (1702/64) *mourant*.

Il n'y a que les poltrons pour maudire les conquérants et les imbéciles pour mépriser la gloire [militaire].

A. Brialmont (1821,1903).

Le lecteur ne nous reproch-ra pas de répéter cette citation [plusieurs fois : c'est un refrain qu'on ne saurait se lasser d'entendre.

C'est du genre humain futur que le grand homme doit ambitionner les suffrages.

C. Dumarsais (1676/1756).

Les premiers hommes seront toujours ceux qui, d'un papier, d'une toile, d'un marbre, d'un son (1), feront une chose impérissable.

A. de Vigny (1797/1863).

A. de V i g n y laisse les militaires de côté : il a bien raison !

Est-il quelque carrière plus belle que celle de l'artiste conscient de sa mission ? L'armée ?... La politique ?...

XII. 1901. Vincent d'Indy (1851/...).

L'armée ! Allons donc ! Il ne peut être question de cela !

Le plus noble emploi de la vie humaine est de pénétrer l'énigme de l'Univers.

E. Renan (1823/92).

---

(1) Quelle conquête vaut celle-ci, quelle bataille de B o n a p a r t e, quel soleil d'Austerlitz atteignent à la gloire de cet effort surhumain, de cette victoire, la plus éclatante qu'ait jamais remportée l'Esprit : un malheureux, pauvre, infirme, solitaire, la douleur faite homme, à qui le monde refuse la joie, [B e e t h o v e n] crée la joie lui-même pour la donner au monde. Il la forge avec sa misère... *Durch Leiden Freude* !

1.1903. R. Rolland (1866/...).

La musique ? Qu'en pensait donc N a p o l é o n, l'un des conquérants les plus féroces et les plus impérialistes ? Voici :

La musique me trouble le système nerveux et je préfère entendre la plus stupide, parce qu'elle me fait moins souffrir.

Napoléon (1769/1821).

Il craignait de souffrir, l'odieux tyran et ogre corse ; mais que n'a-t-il fait souffrir les autres !

2

Le bénéfice résultant des inventions s'étend à l'Humanité tout entière, alors que les actions civiles ne profitent qu'à un pays en particulier; en outre, les dernières n'ont qu'un effet passager (1), tandis que les premières ont des conséquences éternelles.   Fr. Bacon (1561/1626).

La recherche de la vérité est la plus noble des occupations (2).

Mᵐᵉ de Staël (1766/1817). Anal. H. Poincaré (1854/1912),

G. Le Bon (1842/...).

Connaître le vrai, c'est ressembler à Dieu, car c'est nous servir de l'in-telligence par laquelle nous sommes créés à l'image de Dieu.

1909. Ch. Sentroul.

Un homme qui a passé sa vie dans l'étude de la philosophie... et qui n'a recherché que les plaisirs de la science... doit être plein de confiance à l'approche de la mort... sur la destinée de son âme... et avoir la ferme espérance qu'il obtiendra dans l'autre monde les biens suprêmes.

Platon (—429/—348).

Nous avons retrogradé! Ce n'est pas en Belgique, par exemple, qu'on pourrait actuel-lement soutenir la thèse de P l a t o n !

Celui qui se sera voué aux études contemplatives avec une passion sin-cère et profonde, s'y trouvera aussi complètement dispensé de prendre part aux affaires publiques que s'il vivait dans Saturne ou dans Jupiter.

J.-B. Biot (1774/1862).

Cela n'est pas un langage de militaire !

Ne va-t-on pas répétant souvent : « Tout citoyen doit servir les intérêts de sa patrie. Or la patrie doit être en état de se défendre. Donc tout homme doit porter les armes ». — Pur sophisme ! L'égalité n'est pas l'uniformité. Que dirait-on d'un orchestre où tous joueraient du violon, sous prétexte que le violon est un bel instrument ?

1893 et suiv. Card. Mercier (1851/...).

... La meilleure façon de servir la patrie sera : pour l'un de méditer dans la solitude, pour l'autre de se mêler à la vie active...

IV. 1920. R. Johannet.

Méditer dans la solitude ! Combien de Belges ne ricaneraient pas en lisant cela !

Il n'est pas vrai que la patrie soit un dieu Moloch, sur l'autel de qui toutes les vies puissent être légitimement sacrifiées.

XII. 1914. Card. Mercier (1851/...).

---

(1) Il n'est guère de défaites ni de victoires définitives dans les éter-nelles vicissitudes des nations.   H. Martin (1813/84).

(2) Oui, R i e m a n n, R i t z et S t i e l t j e s, qui sont morts tuber-culeux à cause de leur excès de travail d'invention mathématique, et Ch. I n f r o i t et L e r a y radiologues, décédés récemment, martyrs de la Science, sont bien au-dessus de nos plus glorieuses brutes militaires.

Les femmes, dont on aime cependant à louer la vive intelligence, pensent rarement ainsi, surtout actuellement :

Courageux, insouciant, moqueur, violent, ainsi nous veut la sagesse : elle est femme et ne peut aimer qu'un guerrier.

1885. F. Nietzsche (1844/1900).

Les femmes aiment à s'appuyer sur un bras qui porte une épée à sa ceinture...   1870. F. M. Labiche (1815/80).

Entre l'homme d'épée et l'homme de science,
Les dames au premier inclineront toujours
Et toujours le plumet aura la préférence.

J. de la Fontaine (1621/95).

Les hommes extraordinaires par leurs talents se doivent respecter eux-mêmes et la postérité dans l'emploi de leur temps.

1754. D. Diderot (1713/84).

Le plaisir esthétique [du mathématicien] a une signification bien directe. C'est l'ordre, donné par la nature, de continuer...

16. XII. 1912. G. Lippmann (1845/...).

Si une guerre arrive, les militaristes barbares exigeront du mathématicien ou du savant en général, fût-il un géant comme **Pasteur**, qu'il abandonne ses recherches et « meure *pour* (!?) sa patrie ». **L.**

Dès qu'on n'est pas assez dévot pour être capucin, il n'est rien de plus beau que de se faire tuer (Sic !). **Mme de Maintenon** (1635/1719).

Quand on n'a point d'autre capacité que celle de mourir pour sa patrie, on ressemble aux boeufs et aux moutons, qui meurent pour le service de leurs compatriotes. **Oxenstiern** (1641/1707).

Trop de personnes qui peuvent mourir pour un idéal hésitent à vivre intensément et efficacement pour lui. Le loyalisme envers le peuple et envers l'humanité aura cette supériorité sur les autres qu'il demandera surtout qu'on conserve et perfectionne sa vie pour lui, au lieu de la sacrifier.

1920. A. Carnoy (1878/...).

> Le troupeau des humains marche à la boucherie
> En se grisant de mots ou de vieux préjugés
> Dont le savant se rit...

1871. Alph. Proost (1847/...).

Il y a autant de vrai courage à souffrir avec constance les peines de l'âme qu'à rester ferme sous la mitraille d'une batterie.

Napoléon (1769/1821).

Pour montrer du courage, on n'a pas besoin de prendre les armes. Souvent il est exigé de nous, dans le cours de notre vie, un plus grand courage, celui de rester fidèles à nos convictions, en nous mettant au-dessus du jugement du monde. **J.-G. Fichte** (1762/1814).

Les considérations du monde combattent souvent celles du Ciel.

5. XII. 1605. Henri IV (1553/1610).

Dieu n'aime pas la guerre et préfère les pacifiques aux guerriers.

Bossuet (1627/1704).

S'associer pour la guerre n'est pas une vertu.

A. Ch. Renouard (1794/1878).

Ma gendarmerie s'est tellement déréglée que la plupart des hommes d'armes et archers allant et venant par les champs font infinis maux et pilleries à mon pauvre peuple et vivent sans rien payer...

1560. François II (1543/60).

Peut-on nier que les gens de guerre commettent de grands excès contre Dieu, par tant d'outrages et de violences qu'ils font tous les jours, s'enrichissant de vols et de brigandages, et cherchant leur bonheur dans la misère des autres ? Ce sont des loups plutôt que des hommes ; ils se repaissent de sang et de carnage, et leur âme est comme une mer qui est sans cesse agitée par les tempêtes des passions. Y a-t-il des désordres dont ils soient exempts ? Y a-t-il un vice qui ne règne pas en eux ?

Saint Jean Chrysostome (347/407).

Je ne connais guère de sophisme plus commun et plus pervertissant que celui qui consiste à excuser et même à glorifier les actes les plus condamnables, par cette considération qu'ils ont été l'occasion de belles et bonnes choses [cas de la guerre].   1870. **P. Larroque** (1801/79).

En temps de paix, la dissipation, l'orgie... les querelles, les rixes et les duels... En temps de guerre, les séditions, le pillage, la maraude, la dévastation, l'incendie, le déchaînement de; passions, la licence et la cruauté sous toutes ses formes !... Les soldats communiquent les influences délétères de la caserne aux enfants du peuple dans leurs garnisons. Les grosses joies des cabarets de nos villages viennent se transformer en habitudes quotidiennes dans le désœuvrement de la caserne.
C. Pecqueur (1801/87).

[En 1794.] A Bruxelles un détachement [français] força les portes de l'église Sainte-Gudule, mit en pièces les châsses des saints, dont les ossements furent dispersés, fouilla les tombes, pilla les troncs, lacéra les tableaux des grands maîtres et foula aux pieds les hosties consacrées, tandis que d'autres soldats, revêtus des ornements sacerdotaux, parodiaient les cérémonies du culte et hurlaient des chansons obscènes.
Env. 1850. **Cl.-J. Borgnet** (1804/75), **H.-J. Moke** (1803/62).

[Pendant la guerre de 1914] nous avons vu des « poilus »... ne pas respecter la foi conjugale et ne point s'en cacher, et s'enivrer des soldats qui, dans la vie ordinaire, n'avaient jamais bu. « La débauche et le pinard », dans certains cas, ont permis de tenir. C'est ainsi que de braves bourgeois « qui n'auraient pas, comme on dit, fait de mal à une mouche », s'habituèrent à tuer sans scrupule et même avec frénésie, et que d'honnêtes pères de famille devinrent sanguinaires.   1919. **P. Gaultier.**

« Père, qu'est-ce que tu faisais pendant la grande guerre ? ».
1915. *Affiches anglaises pour l'enrôlement* (1).

Dans les principes de la morale, un héros guerrier n'est qu'un monstre infâme.
Abbé Prévost (1697/1763).

Au lieu de ces haines nationales qu'on nous inspire sous le nom de « patriotisme », au lieu de cette gloire attachée au meurtre, à la guerre, qu'on nous représente, dès l'enfance, comme quelque chose de superbe, il faut, au contraire, enseigner l'horreur et le mépris des carrières militaires, diplomatiques et politiques, qui servent à diviser les hommes.
1894. **L. N. Tolstoï** (1828/1911).

Pourquoi des parents, d'honnêtes gens, font-ils entrer leurs enfants dans des écoles militaires ?...   1894. **L. N. Tolstoï** (1828/1911).

Des hommes qui, durant plusieurs années, auront été habitués aux pillages, aux incendies, aux massacres et au mépris de tout ce qu'ils avaient appris à respecter, ne se conduiront plus comme ils se conduisaient avant la guerre. La courbe de la criminalité suivra pendant longtemps une marche ascendante chez les auteurs de tant de méfaits... Si fréquents que soient les combats, ils ne sont pas journaliers. Dans leurs

---

(1) Les Anglais auraient dû trouver cette propagande par voie d'affiches odieuse et offensante pour leur dignité.

intervalles, le soldat demeure forcément désœuvré. Il perd le goût du travail et contracte l'habitude d'être alimenté par l'Etat. Prolongé pendant des années, ce pli d'oisiveté sera ensuite malaisé à détruire... On peut dire qu'il sera bien difficile de rappeler à la vie paisible et au respect des lois des hommes dont le métier a été de tuer et de détruire.

XI. 1917. **G. Le Bon** (1842/...).

Paroles prophétiques !

Aux abords de Boncelles [près de Liège] le combat fut si acharné [en 1914] que sur le terrain, les cadavres formaient un tas de trois mètres de hauteur ! 1919. **P. Gaultier.**

En plein XXᵉ siècle, dans les régions où bat le cœur de la civilisation moderne, des hommes intelligents, honnêtes et accessibles à la pitié, sont convertis en valets de bourreaux par des autorités militaires...

1915. **G. Kurth** (1847/1916).

Le soldat obéit et ne réfléchit pas ; on lui fait croire que juger est une faute. L'esprit soldatesque serait anémié par la réflexion. Le soldat ne doit plus être un homme, mais un instrument sans pitié ; aucun sentiment ne doit faire dévier et ralentir son action ; il faut qu'à sa conscience individuelle soit substituée la conscience collective. Tout ce qui peut aider au succès est légitime ; tout ce qui peut l'entraver, illégitime. « Les intérêts militaires avant tout » ! Le commandement est donc sacré comme un dogme : le règlement est la bible du soldat. Les ordres des chefs sont impénétrables comme les secrets de Dieu. Et l'on voit cette chose déconcertante : des « libres-penseurs », qui prétendent n'admettre aucun dogme et qui, en tout temps, refusent cyniquement d'obéir à Dieu et aux préceptes de la morale la plus élémentaire, consentir, sous l'influence, il est vrai, d'un instinct égoïste (le patriotisme), à exécuter bénévolement les ordres les plus criminels et les plus odieux.   **L.**

Quand les soldats se sont bien pliés à l'obéissance passive, lorsque, arrivés au point de renoncer à se servir des facultés supérieures qui distinguent l'homme, ils tuent sans émotion et sans scrupule, ils sont censés être arrivés à la perfection du métier. Il faut voir alors comme ils se croient d'autant plus méritants qu'ils s'enivrent davantage de destruction. 1870. **P. Larroque** (1803/79).

Tendre sa poitrine aux coups des autres, — oui; fusiller ses semblables, — jamais ! Ce n'est pas une défense, c'est une tuerie !

VIII. 1893. **L. N. Tolstoï** (1828/1912).

Le « Tu ne tueras point ! » du *Décalogue* ne doit pas être pris plus à la lettre que la recommandation évangélique de donner son bien aux pauvres. (*Sic*) (1)   **H. G. von Treitschke** (1834/96).

Pouvez-vous imaginer le Christ en khaki, enfonçant une baïonnette dans la poitrine d'un ouvrier allemand ? Le fils de Dieu tirant une mi-

---

(1) Tous les chefs militaires, qu'ils soient allemands ou turcs, anglais, indiens ou zoulous, belges ou congolais, français, marocains, soudanais ou sénégalais, qu'ils soient du pôle ou de l'équateur, tous pensent ainsi, en quoi ils sont très païens !

trailleuse contre une colonne allemande surprise dans une embuscade ?
Extrait d'une brochure pacifiste anglaise (1).

Vous, chrétiens,... dites que la guerre exalte les vertus de sacrifice (2)...
Mais n'y a-t-il pas de meilleur emploi au dévouement d'un peuple que
la ruine des autres peuples ? Et ne peut-on se sacrifier, chrétiens, qu'en
sacrifiant son prochain avec soi ?

15. IX. 1914. **R. Rolland** (1866/...).

Comment concilier la doctrine de Jésus et contenue dans le cœur de
chacun de nous, avec l'exigence de la guerre et de ses violences ? (3)

1894. **L.-N. Tolstoï** (1828/1911) (4).

Les vrais chrétiens doivent refuser de se soumettre au service militaire.
Le chrétien ne peut pas être soldat, c'est-à-dire appartenir à une classe
de gens dont la seule raison d'être est de tuer leurs semblables.

1894. **L.-N. Tolstoï** (1828/1911).

Le soldat n'est pas un martyr, car il meurt, les armes à la main.

Noël 1914. **Card. Mercier** (1851/...).

Vrai martyr, le chrétien qui refuse de prendre les armes et, comme les
admirables et glorieux disciples de T o l s t o ï, préfère subir les pires tor-
tures suivies de mort cruelle et certaine (5). **L.**

---

(1) [Je dénonce les archevêques] qui parlent, à propos de la guerre,
de la menace à la liberté et à la sécurité de l'Angleterre, de sa position
entre les peuples, comme si le danger ou l'urgence changeaient quelque
chose aux commandements du Prince de la Paix.

1915. *Le chapelain d'un Collège de Cambridge.*

(2) L'amour de Dieu, l'amour des hommes ont été invoqués pour
brûler, tuer, piller... Donnez à un intellectuel n'importe quel idéal et
n'importe quelle passion, il trouvera toujours moyen de les ajuster
ensemble... La fraternité de 93 fut sœur de la guillotine.

4. XII. 1914. **R. Rolland** (1866/...).

(3) Qu'un G. d'A n n u n z i o soit un militariste enragé, un patriotard,
cela n'a rien d'étonnant ni de choquant. Car ce vaniteux, ce snob au mo-
nocle, ce « penseur médiocre » (comme tous les hommes d'épée) est —
le R. P. H é n u s s e. S. J., l'a bien dit (en 1914) — « le plus parfaitement
étranger qu'il se puisse à l'esprit chrétien ».

(4) « T o l s t o ï, belle flamme d'idéal », dit le R. P. H é n u s s e, S. J.
Le 25 novembre 1920, au Palais des Académies, à Bruxelles, nous eûmes
la très grande joie d'entendre le savant et illustre orateur faire, devant
un nombreux et sympathique auditoire, le plus vibrant éloge du grand
penseur antimilitariste.

(5) En Russie, sous l'influence salutaire des écrits de T o l s t o ï, une
secte s'est formée, dont les adhérents ont le courage singulièrement
méritoire de refuser le service militaire. Pour leur punition, mais aussi
pour leur gloire, ils meurent martyrs dans les prisons de Sibérie, victimes
d'ignobles brutes militaristes ! Les nombreux chrétiens anglais qui,
par scrupule de conscience, refusèrent, dès 1915, de tuer leurs semblables, furent envoyés à une mort certaine dans les tranchées de première ligne. Mais qui donc fit ce geste bestial ? L l o y d-G e o r g e, qui,
avant d'être ministre des munitions, avait écrit cette belle pensée :

« Tous les pays du monde feraient mieux de jeter à la mer l'argent
dépensé pour les armées, que de créer des instruments pour massacrer
les gens ».

Voilà les crimes que l'intérêt personnel fait commettre aux grands
hommes !

C'est évidemment aux chrétiens savants ou ayant quelque supériorité
à donner le signal du refus de service militaire. Il serait à souhaiter que

CONFESSION PEU ORDINAIRE D'UN DÉCORÉ (1).

— « Vous n'êtes pas décoré !? N'auriez-vous pas fait la guerre ?

— « Non, car nous ne sommes pas batailleur et nous avons conservé malgré tout une âme pacifique. Nous avons refusé de souiller notre main d'homicides. Ce n'est pas que nous ayons craint la mort : nous avons redouté le crime et non le péril. Et vous, êtes-vous décoré ?

— « Oui, je suis décoré de la guerre : je suis « as des as des as ! ». Bien que chrétien, je me suis enrôlé par goût des aventures et pour me faire rapidement un nom illustre par le bruit de mes exploits. J'étais vaniteux comme un paon et j'avais le prurit d'être considéré comme un héros. Ce n'est pas tant pour mon pays que je pris les armes, car déjà je savais un peu que « les victoires traînent toujours après elles autant de calamités pour un Etat que les plus sanglantes défaites » et « qu'en fait de souvenirs nationaux, les deuils valent mieux que les triomphes... ». Bien qu'ayant, paraît-il, des aptitudes intellectuelles suffisantes, je n'ai pas eu le courage de consacrer deux heures de mon existence à ce que j'estime être la plus noble des occupations, à ce qui nous rend semblables à Dieu : la divine recherche de la vérité. J'ai été trop lâche pour rester fidèle à mes convictions et pour me mettre au-dessus du jugement du monde.

« Je n'ignorais pas, en effet, que quiconque use son existence pour secourir et soulager son prochain, pour faire le bonheur de la grande Société humaine dans l'ordre des sciences, des lettres et des arts, par des voies pacifiques, ou bien en combattant la guerre par la parole et par la plume, je n'ignorais pas que celui-là est le plus souvent haï, malmené, vilipendé, miné, torturé, et que l'héroïsme avoué par la morale touche peu de gens ! Je n'ignorais pas que « tous les devoirs de la société sont suppléés par la bravoure..., que le mensonge se change en vérité, que le vol devient légitime, la perfidie honnête, sitôt qu'on soutient tout cela le fer à la main... et qu'on n'a jamais tort avec un homme, pourvu qu'on le tue » ! Je n'ignorais pas que « l'assassinat et le vol à main armée sont moins méprisés en gros qu'en détail, parce que, perpétrés au nom d'une nation, ils satisfont la vanité des survivants victorieux ». Je savais que les hommes considèrent même comme des titres d'honneur ce qui est digne de mépris, qu'ils donnent le nom de vertu aux plus grands crimes, qu'ils glorifient ce qui devrait être flétri et qu'ils environnent de prestige une furie qui devrait faire horreur. Etant chrétien, je savais qu'il est, au jugement de Dieu, « plus glorieux de tuer la guerre par la parole que de tuer les hommes par le fer », mais « les considérations du monde combattent souvent celles du Ciel » et j'ai préféré l'approbation

---

cela se fît simultanément dans les différents pays; mais cela doit-il être une condition *sine qua non* ? La persécution officielle ! dira-t-on. Qu'importe ? Que vaudrait une foi pour laquelle on ne risquerait rien ? Un homme d'honneur s'inspirera de l'exemple du Christ et il ne s'attardera pas aux grossières dérisions ni aux insultes d'une foule imbécile.

Signalons qu'en Norvège les convictions antimilitaristes dispensent du service militaire. Bravo ! Pourquoi n'en serait-il pas de même ici ?

(1) Dès maintenant le lecteur pourrait lire la longue note qui termine ce chapitre.

des humains à celle de Dieu; je savais, en effet, que quiconque s'obstine à défendre la paix entre les hommes, sait qu'il risque, pour sa foi, son repos, sa réputation et ses amitiés même, et je n'ai rien consenti à risquer pour ma foi; je savais que si la guerre sévit, c'est encore le pacifiste qui expose le plus courageusement sa tête, et je n'ai pas eu ce courage. La pratique des vertus chrétiennes ne conduit pas aux décorations ; or, vaniteux, je brûlais d'en être constellé !

« Aussi le calcul déforma-t-il ma conscience progressivement et bientôt glissant sur la pente fatale, j'adoptai une façon de penser tout à fait conforme à mon intérêt. Avide de gloriole, je décidai donc de me faire un grand nom en occasionnant de grands malheurs. Et puisque, dans cette confession, je dois bien tout dire, j'avouerai que, dans l'accomplissement de mes forfaits, je fus soutenu non seulement par la vanité, mais encore par l'idée que, snob éperonné, corseté et monoclé, je suivais la meilleure voie pour plaire aux femmes, car :

« Entre l'homme d'Épée et l'homme de Science,
Les dames au premier inclineront toujours
Et toujours le plumet aura la préférence ».
« La Madelon (1) pour nous n'est pas sévère
Quand on lui prend la taille ou le menton...».

« J'ai donc cherché une gloire cruelle dans le sang de mes frères, une gloire féconde en ruines. J'ai marché à la boucherie, grisé et ensorcelé par l'éloquence de mes chefs qui, dans des harangues enflammées, — au moyen de vieux préjugés et d'arguments comme celui-ci : « tuez-les, sinon ils vous tueront » ! — cherchaient à réveiller chez leurs subordonnés l'instinct de combattivité du fauve et la férocité ancestrale endormis ; j'ai combattu, endiablé par l'artifice oratoire de certains aumôniers militaires qui, bien que consacrés au service du Dieu de mansuétude et d'amour, excitaient en nous la haine contre nos ennemis (qui sont pourtant nos frères en Jésus-Christ !), l'exaspéraient cette haine souvent par tous les moyens du « bourrage de crânes », parfois même par les calomnies les plus audacieuses et plus infamantes.

« Héros de la barbarie, j'ai donc ravagé des provinces, mutilé des hommes et je les ai horriblement massacrés. « As des as des as », j'ai abattu beaucoup d'avions. J'ai tué, j'ai tué sans émotion et sans scrupule, avec frénésie, comme une bête féroce, pleine de bravoure. J'ai fait, sciemment et de propos délibéré, des veuves et des orphelins, j'ai immolé des innocents, je me suis enivré de destruction, je me suis repu de sang et de carnage ! Mon seul souci : massacrer, massacrer encore, massacrer

---

(1) L'autre jour, nous étions dans le tram. A cause d'un régiment tenant orgueilleusement et superbement le beau milieu de la chaussée, nous mîmes 47 minutes (au lieu de 12) pour faire 3,4 kilomètres ! Il y avait, parmi les voyageurs, des gens très pressés, appelés par des affaires graves et urgentes. Une jeune fille, qui allait appeler un médecin pour sa mère mourante, pleurait de tristesse et d'énervement... pendant que l'armée, que nous devons payer de nos deniers, jouait *La Madelon*... Naturellement, le ministre de la guerre, l'apostat D e v è z e, en bon libéral arriviste et impérialiste, trouvera tout cela très beau !

le plus possible pour satisfaire les besoins de mon héroïsme carnassier et de mes instincts sanguinaires, massacrer... tout en préservant ma peau !'

« Pendant l'armistice, l'ivresse du combat s'est dissipée et la raison, qui fait l'homme, commença à reprendre ses droits. Avec le traité de paix, nous eûmes déception sur déception; les joutes oratoires du maudit Congrès de Versailles n'ont conduit qu'à du gâchis. De plus en plus, le désenchantement nous obsède ; de partout monte un soupir de lassitude et de découragement, le malaise nous étreint, nous avons une indigestion d'héroïsme. « Dans les masses, doléances et murmures : anciens combattants, ouvriers, bourgeois, employés, entrepreneurs, hommes de commerce et hommes de finance, à tort ou à raison, tout le monde geint (1), tout le monde bougonne » (2). « Vainqueurs, nous connaissons l'angoisse des vaincus ».

« Lorsque je vis « les désastres auxquels a conduit l'abdication presque totale de l'intelligence du monde et son asservissement aux forces déchaînées »; lorsque j'appris que la guerre fut prolongée contre le vœu du représentant du Christ sur la Terre (Sa Sainteté B e n o î t XV étant intervenue de nombreuses fois en faveur de la paix, particulièrement en août 1917), lorsque je constatai que, de cette mêlée sauvage, les nations alliées « sortent meurtries, appauvries et, dans le fond de leur cœur (bien qu'elles ne l'avouent pas), honteuses et humiliées de leur crise » de jusqu'auboutisme ; lorsque j'entendis le maréchal F o c h affirmer que « de la victoire nous avions fait sortir la faillite » et qu'il répudiait le Traité, lorsque je sus enfin, que « la Belgique est moins bien protégée aujourd'hui qu'en 1914 », alors je me sentis l'âme navrée à l'idée de tant de sang répandu, de tant de larmes versées et le remords de mes forfaits commença à poindre.

« Mais l'État estimant que, par mes horribles massacres, j'étais, brave scélérat, arrivé à la perfection du métier, voulut me récompenser dignement et il me décerna toutes ces décorations (3) qui constellent ma poitrine.

---

(1) D'anciens officiers, croix de guerre, jouent de l'orgue de barbarie; ceci passe encore. Mais un diplômé de l'Université d'Oxford s'est fait chauffeur; d'autres universitaires sont marchands de poisson, et des licenciés en droit se font inscrire au Bureau municipal des employés demandant à être enrôlés comme balayeurs de la Ville-Lumière, Paris !

(2) Card. M e r c i e r, *Mandement de Carême*, 27 janvier 1921.

(3) En Belgique, le coût des décorations prodiguées, depuis l'armistice jusqu'au 1er janvier 1921 (soit en deux ans) à 1.035.000 individus, dont bon nombre furent des quémandeurs peu scrupuleux ou bien pistonnés, dépasse 5 1/2 millions de francs, c'est-à-dire plus de 7.000 fr. par jour. Prix de la vanité ! Et l'on manque d'argent ! Il y a, par exemple, 3.416 chevaliers de l'ordre de Léopold civils; 1.271 chevaliers de l'Ordre de Léopold militaires; 3.981 chevaliers de l'Ordre de la Couronne; 2.805 chevaliers de l'Ordre de Léopold II; 70.560 Croix de guerre; 7.590 Croix de chevalier de l'Ordre de Léopold II (militaire); 80.000 médailles de l'Yser; 400.000 médailles de la Victoire, 400.000 médailles de la Commémoration, etc., etc. La liste complète est vingt fois plus longue ! Plus de cinq millions et demi de francs pour des rubans qui n'ont aucune valeur au point de vue de la sélection, puisqu'ils sont si nombreux ! 52 kilomètres de rubans et 26.000 kilos de médailles ! — Puisqu'on a besoin d'argent, pourquoi ne pas taxer les décorations ?

Il parvint ainsi à étouffer en moi à peu près complètement tout sentiment de regret en le remplaçant par d'autres, plus forts et victorieux : la gloriole et la vanité !

« Oui, je suis décoré de la guerre... Par intérêt étroit et mesquin, j'ai, chrétien impie, vinculé ma conscience et trahi les ordres de notre Maître, le Prince de la Paix ! » (1)

Bienheureux les pacifiques, ils seront appelés les enfants de Dieu.

DÉSARMEMENT.

Rien n'est plus important que de préserver l'Europe du danger de la guerre; aussi, tout ce qui est fait dans ce but doit être considéré comme œuvre de salut public. 11. II. 1889. Léon XIII (1810/1903).

Disons : « qui veut la paix prépare la paix ». C'est à force de préparer la guerre, qu'on la rend inévitable. 31. I. 1920. P. Brulat (1866/...).

Refréner les instincts belliqueux, écarter les dangers de la guerre et même supprimer les soucis de ce qu'on a coutume d'appeler la paix armée, c'est une tâche très noble. 11. VII. 1911. Pie X (1835/1914).

---

(1) Nous entendons des contradicteurs : « La Belgique a été attaquée, elle devait se défendre ». Il s'agit bien de cela ici !? L'auteur de ces lignes ne vise pas tous les décorés de la guerre ! Il se fait même un scrupule de le dire ! Le lecteur de bonne foi ne pourra se méprendre au sujet de la catégorie spéciale de décorés qui sont visés dans le texte. Mais comme la calomnie fait feu de tout bois et qu'en ces temps de chauvinisme, elle règne souverainement, il convient d'éviter toute équivoque et de mettre les points sur les *i*. Nous sommes bien loin de manquer de respect aux soldats de la grande guerre jusqu'à nous comporter comme le fit naguère — par plat électoralisme — un M. B u y l, qui osa proposer l'autorisation de l'exploitation éhontée des jeux, pourvu que les sommes ainsi produites fussent remises au « Fond des Combattants »!! Il faut avoir perdu tout sens moral pour songer à cela ! L'argent des décavés suicidés servirait à payer les parents de ceux qui sont tombés dans la grande tuerie et l'on donnerait le sacrifice de nos soldats comme passe-port au monnayage d'un vice ! Quelle honte ! Quelle souillure ! Arrière malheureux ! Qui donc, sous prétexte qu'ils ont combattu les armes à la main et ont peut-être fait beaucoup de morts, qui donc n'aurait pas une profonde commisération pour les mutilés, victimes du militarisme ? Nous irons même plus loin. Dans son discours de réception à l'Académie Française, le 27 avril 1882, P a s t e u r, ce grand parmi les grands, prononça cette phrase sublime qui a été gravée sur sa tombe : « *Heureux celui qui porte en soi un idéal de beauté, et qui lui obéit : idéal de l'art, idéal de la science, idéal de la patrie, idéal des vertus de l'Evangile* ». Eh bien ! nous disons qu'il vaut peut-être encore mieux avoir l'idéal militariste, que de n'en pas avoir du tout, comme c'est actuellement le cas de tant de malheureux, surtout parmi la jeunesse. On peut admirer tous ceux qui sacrifient leur vie uniquement pour défendre une cause qu'ils croient bonne, même si elle est mauvaise, que ces héros soient allemands, autrichiens ou turcs, anglais, zoulous ou néo-zéelandais, wallingants, flamingants ou irlandais, qu'ils soient des barbares du pôle ou de l'équateur, qu'ils soient français, sénégalais ou anthropophages et que leurs insignes de gloire soient un petit ruban rouge ou un collier d'oreilles arrachées à leurs victimes ! Mais heureux parmi tous, trois fois heureux, celui qui porte en soi le vrai « idéal des vertus de l'Evangile » : l'idéal pacifiste !

[Je demande] des garanties suffisantes pour réduire les armements au strict minimum, pour autant que le permet la sécurité intérieure.
8. I. 1918. W. Wilson (1856/..).

Nous devons espérer que les peuples procèderont à un désarmement progressif; il est inutile dans un pays civilisé de porter des révolvers et des sabres ! 14. XI. 1918. Lord Robert Cecil (1869/...).

Tous les pays du monde feraient mieux de jeter à la mer l'argent dépensé pour les armées, que de créer des instruments pour massacrer les gens. Env. 1912. D. Lloyd George (1863/...).

Ce n'étaient pas les protagonistes du désarmement universel [avant la guerre de 1914] qui étaient dans les nuages (1), mais ceux qui s'imaginaient que la paix ne pouvait être assurée dans le monde qu'à force d'armements. L'évènement a démontré la fausseté de cette dernière thèse avec une brutalité qui doit décourager toute contradiction.
20. IV. 1920. H. La Fontaine (prix Nobel pour la Paix).

...Il n'y a qu'une seule issue à cette impasse : le désarmement international, total et universel. 10. X. 1917. Comte Czernin.

Que la constitution du Monde de demain repose, non plus sur la force des armes, mais sur la puissance morale du Droit, sur la prédominance de la Justice et de l'égalité internationale !
21. IX. 1917. Empereur Charles.

Sans désarmement la vie mondiale est impossible.
IV. 1920. E. A. Millerand (1859/...).

Il est inutile de travailler en vue d'une association des nations et de l'établissement de la paix si, en même temps, on procède à de grands armements. XII. 1920. D. Lloyd George (1868/...).

Les Etats-Unis verront avec une grande faveur tout projet tendant au désarmement universel. 8. XII. 1920. W. Wilson (1856/...).
C'est le contraire en Belgique, actuellement l'un des pays les plus militaristes du monde !

L'Allemagne a fait de grands progrès dans la voie du désarmement, livrant 31.000 canons, 10.000 mortiers de tranchée, 33.000.000 d'obus, 70.000 mitrailleuses, 3.000.000 de fusils.
5. XI. 1920. D. Lloyd-George (1863/...).

Les mesures de désarmement prises par l'Allemagne constituent la garantie que les gouvernements actuels de l'Allemagne sont parfaitement sincères... 10. XI. 1920. D. Lloyd-George (1863/...).

On a désarmé l'Allemagne ; on a réduit la plus puissante armée du monde à n'être plus qu'une force de police. Eh bien ! nous disons que, dorénavant [en Belgique]..., il n'est pas possible de maintenir une armée soumise à un trop long encasernement.
24. X. 1920. E. Vandervelde (1866/...).

Il faut qu'une entente équitable de tous les peuples leur fasse décréter un désarmement simultané... 1. VII. 1917. Benoît XV (1853/...).

Le militarisme est une vieille ferraille païenne, qu'il faut absolument

---

(1) Comme se plaisent à le dire certains journaux sans égards pour la Vérité, notamment le torchon *Soir* de Bruxelles.

mettre au rancart ! Que l'on restaure les églises (1) bombardées par les snobs galonnés et que l'on fasse bien vite disparaître ces odieuses et monstrueusement immorales casernes, où se fait une brutalisation de toute dignité humaine et qui sont indignes de temps civilisés !   L.

La France est dominée par le parti militariste.
III. 1920. W. Wilson (1856/...).

Les Français ont moins de confiance dans la force conquérante des idées morales que dans la force défensive des forteresses et des canons !
14. II. 1920. A. Lamandé.

Ce sont ces armées gigantesques, se perfectionnant d'année en année, s'accroissant sans cesse, qui ont précipité le monde dans ce conflit horrible [la guerre de 1914]. La première condition de la paix est que cette machine de guerre soit brisée, sans possibilité d'être réparée.
5. II. 1921. D. Lloyd George (1863/...).

LA GUERRE EN GÉNÉRAL.

Ces guerres,... les chefs d'Etats qui en sont les auteurs criminels n'osent en accepter la responsabilité; chacun s'efforce sournoisement d'en rejeter la charge sur l'adversaire (2).   15. IX. 1914. R. Rolland (1866/...).

---

(1) Dans la seule Flandre occidentale, il y a 68 églises détruites partiellement et 83 anéanties.

(2) On ne doit pas demander de la sincérité ni même beaucoup d'honnêteté aux diplomates d'aucun pays... Les diplomates sont facilement de mauvaise foi et le mensonge continu représente pour eux un devoir professionnel.   XI. 1916. G. Le Bon (1842/...).

Le métier des avocats n'est pas de chercher la vérité, mais de faire croire qu'ils la possèdent.   21. XI. 1909. H. Poincaré (1854/1912).

Tous les historiens nous promettent la vérité, et pas un ne la donne sans la déguiser.   Ch. Saint-Evremont (1613/1703).

Rien n'est plus dangereux que le chauvinisme en histoire.
J. Texte (1865/1900).

« On ne doit pas demander beaucoup d'honnêteté aux diplomates ». Et aux militaires ? Voici un exemple d'honnêteté militariste :

Au début de la guerre, en Belgique, avant l'occupation allemande, on servait au public des communiqués radicalement mensongers. Pour avoir publié (le 14 août 1914) une note disant que les Allemands étaient en route vers Bruxelles et Anvers, un journal bruxellois, le *Soir*, essuya de sanglants reproches avec la menace de la suspension; il dut détruire 40.000 exemplaires et publier en tête du numéro du lendemain, la note suivante :

« L'offensive allemande vers Anvers et Bruxelles est officiellement démentie (*sic*).

» *Une note a paru hier dans le* Soir *qui a quelque peu ému l'opinion.*

» *Un de nos collaborateurs, arrivé à la dernière minute du quartier-général, au moment où nous allions mettre sous presse, déduisait erronément de la position des Allemands la possibilité d'une marche offensive dans la direction d'Anvers et du Nord de Bruxelles, en ajoutant toutefois que tout était préparé pour les recevoir. Mais la note n'en avait pas moins un caractère pessimiste qui devait impressionner, et cela était d'autant plus regrettable qu'elle était tout à fait inexacte dans ses prévisions.*

» *La marche allemande vers Anvers et Bruxelles est, en effet, officiellement et catégoriquement démentie.*

» *Aussitôt prévenus, nous avons supprimé la note malencontreuse. Et,*

Le vrai et unique moyen de réunir les peuples au service de Dieu et d'établir la piété en un Etat, c'est la douceur, la paix et les bons exemples, non la guerre, ni les désordres, par lesquels les vices et les méchancetés naissent au monde.

4. III. 1589. **Henri IV** (1553/1610). *Discours aux Trois États.*

La guerre est horrible dans son principe, le contraire de toute noblesse, le déchaînement du mal sur la terre avec tout ce qu'il comporte d'encouragement au vice...

[Pendant la guerre de 1914] les civils oublièrent bientôt la gigantesque lutte pour reprendre, non pas encore la vie accoutumée, mais une vie de plaisir plus fiévreuse, comme si la proximité de la mort avait donné à l'appétit de jouissances une plus grande acuité... Nous avons vu des femmes honnêtes, qui auraient rougi à la seule pensée d'avoir un amant, remplacer le plus aisément du monde leur mari au front.

1919. **P. Gaultier.**

[Il y a] des milliers et des milliers d'hommes qui auraient évolué, sans la guerre, dans le sens de l'honneur et de la vertu, et qui, par réaction contre les souffrances, en dédommagement des privations, cèdent à l'entraînement, se dégradent aux consolations infimes et infâmes de la débauche.   1918. **R. P. Th. Hénusse, S. J.**

La guerre ne corrompt que trop les mœurs.

Machiavel (1467/1527).

Si les animaux ne montent pas aussi haut que nous, ils ne tombent jamais aussi bas. Les luttes animales en font foi, qui sont loin de parvenir à ce degré d'horreur que la guerre entre les humains a pu atteindre.

1919. **P. Gaultier.**

Le chaud soleil de ces deux premiers mois de guerre en 1914 tombait sur [nos soldats] ; quelques-uns, torturés par la soif, devinrent presque fous, burent leur urine et délirèrent. D'autres gardèrent, des semaines entières, des membres gangrenés, couverts de poux, et dont s'échappaient d'abominables odeurs.   **Gibbs.**

En dépit de ses apologistes, la guerre, à proprement parler, matérialise le mal. Tolstoï n'a pas tort de le soutenir... Les horreurs qu'elle entasse témoignent de l'infamie de ses origines. Le plus grand de tous

---

comme nous ne voulons absolument pas que pareil fait puisse se reproduire, nous nous en référerons exclusivement, désormais, aux communications officielles que nous transmettra le cabinet du ministre de la guerre. »
Le lendemain, le communiqué officiel du ministère de la guerre annonçait que la ville de Bruxelles était à l'abri du danger puis qu'on avait construit des tranchées et que 20.000 gardes civiques gardaient la cité ! En effet, le haut commandement de la terrifiante puissance que fut la garde civique de Bruxelles avait décidé de sacrifier vingt mille soldats bourgeois à la défense d'une ville ouverte ! Monument de naïveté et de forfanterie, qui stupéfia et terrorisa M. Max : « Mon Dieu, débarrassez-moi de mes amis ; quant à mes ennemis, je m'en charge ! » — (Il ne faut cependant pas trop maudire ces imbéciles et vaniteux galonnés ; ils ont droit à une indulgence amusée : ils nous ont procuré, dans nos journées d'épreuves et de mortelles angoisses, une hilarité douce et bienfaisante. Espérons qu'on les aura dignement décorés !)
Dans toutes les guerres, les diplomates et les militaristes sont de mauvaise foi.

les crimes, puisque l'homme y tue l'homme de propos délibéré et en masse, avec l'unique souci d'en tuer le plus possible, la guerre l'est aussi de tous les maux. Unissant le mal physique au mal moral, elle est le plus parfait symbole du mal sur la terre. Elle l'inscrit, par le fer et par le feu, dans la chair et dans les cœurs.

Loi terrible ! car les maux que la guerre déchaîne ne frappent pas les seuls coupables; même, la plupart du temps, elle les épargne pour immoler des innocents. Ceux qui saignent, qui gémissent et qui pleurent, souffrent, dans la majorité des cas, pour des fautes qui ne sont pas les leurs.

1919. P. Gaultier.

La guerre, c'est le meurtre ; la guerre, c'est le vol. C'est le meurtre, c'est le vol, enseignés et commandés aux peuples par leurs gouvernements. C'est le meurtre, c'est le vol, acclamés, blasonnés, dignifiés, couronnés. C'est le meurtre, c'est le vol, soustraits à l'échafaud par l'arc de triomphe. C'est le meurtre, c'est le vol, moins le châtiment et la honte, plus l'impunité et la gloire. C'est l'inconséquence légale, car c'est la société ordonnant ce qu'elle défend et défendant ce qu'elle ordonne; récompensant ce qu'elle punit et punissant ce qu'elle récompense; glorifiant ce qu'elle flétrit et flétrissant ce qu'elle glorifie; le fait étant le même, le nom seul étant différent. E. de Girardin (1803/81).

La guerre est un fléau et un crime qui comprend tous les fléaux et tous les crimes. Voltaire (1694/1778).

Il est plus facile d'abolir la guerre, que de la civiliser.

20. XI. 1920. Lange.

Dieu n'aime pas la guerre et préfère les pacifiques aux guerriers.

Bossuet (1627/1704).

Le temps n'est plus d'ainsi conquester les royaulmes avec dommaige de son prochain frere : cette imitation des anciens... est contraire à la profession de l'evangile. F. Rabelais (1495/1553).

Comment concilier la doctrine de Jésus et contenue dans le cœur de chacun de nous, avec l'exigence de la guerre et de ses violences ?

1894. L.-N. Tolstoï (1828/1911).

Si tuer est un crime, tuer beaucoup ne peut être une circonstance atténuante; si voler est une honte, envahir ne saurait être une gloire. Ah ! proclamons ces vérités absolues, déshonorons la guerre !

Victor Hugo (1802/85).

L'assassinat et le vol à main armée sont moins méprisés en gros qu'en détail, parce que, perpétrés au nom d'une nation, ils satisfont la vanité des survivants victorieux. 1913. A. Counson (1880/...).

La guerre est une chose trop sérieuse pour la laisser faire aux seuls militaires ! G. Clémenceau (1841/...).

La guerre a fait couler trop de larmes et trop de sang, détruit trop de souvenirs, de trésors d'art et de capitaux, pour qu'on puisse encore se résigner à un régime dans lequel une poignée d'hommes décrètent, dans des conciliabules secrets, que des millions d'autres hommes seront obligés, demain, de s'entretuer. XII. 1918. R. P. Rutten, O. P.

L'armée est une troupe d'hommes qui suivent aveuglément les ordres d'un chef dont ils ne savent pas les intentions ; c'est une multitude

d'âmes, pour la plupart viles et mercenaires, qui, sans songer à leur propre réputation, travaillent à celle des rois et des conquérants.
E. Fléchier (1632/1710).

Ces hommes qui s'entre-tuent, ne s'en veulent pas personnellement; ils ne se sont même jamais vus. Des masses armées se ruent les unes sur les autres, se prennent à la gorge, s'éventrent, sans aucun grief, sans même savoir, quelquefois, pourquoi ou même contre qui elles se battent !
1919. P. Gaultier.

Ne m'imitez pas dans le goût que j'ai eu pour la guerre : c'est la ruine des peuples !
1. IX. 1715. Louis XIV (1638/1715).

On trouve toujours de l'argent quand il s'agit d'aller faire tuer les hommes...
Voltaire (1694/1778).

La guerre est le fruit de la faiblesse des peuples et de leur stupidité. On ne peut que les plaindre, on ne peut leur en vouloir.
2. IX. 1914. R. Rolland (1866/...).

Les peuples, plus éclairés, se ressaisissant du droit de disposer eux-mêmes de leur sang et de leurs richesses, apprendront peu à peu à regarder la conquête comme le fléau le plus funeste, comme le plus grand des crimes; et les guerres entre les peuples, comme les assassinats, seront au nombre de ces atrocités extraordinaires qui humilient et révoltent la nature.
Condorcet (1743/94).

Toute guerre européenne est une guerre civile. **Voltaire (1694/1778).**

Se battre en Europe, c'est faire la guerre civile... La guerre va devenir un anachronisme... L'avenir, c'est l'intelligence, l'industrie, la paix ; le passé, c'était la force brutale, les privilèges et l'ignorance.
Napoléon (1769/1821).

Depuis Pasteur, on sait que l'espèce humaine est en guerre permanente avec plusieurs espèces de bacilles, et que la guerre entre hommes est une trahison de l'humanité qui favorise l'ennemi bacillaire.
15. I. 1920. A. Counson (1880/...).

La Science et la Paix triompheront tôt ou tard de l'ignorance et de la guerre.
27. XII. 1892. L. Pasteur (1822/95).

L'humanité cessera bientôt de marcher dans son sang, comme un somnambule qui se blesse dans son sommeil. La guerre finira. La guerre n'est pas éternelle. Pas plus que la patrie elle n'est chose primitive. Elle a pris naissance avec certaines organisations sociales, elle passera avec elles.
H. G. Wells (1866/...).

La liberté a besoin de paix, parce qu'elle est un progrès d'esprit et que pour les progrès d'esprit il faut la paix.
1831. Ad. Thiers (1797/1877).

La paix du monde et le bonheur du genre humain ne dépendent pas uniquement des traités et des alliances entre Gouvernements. C'est l'appel d'un peuple vers un autre peuple pour plus d'amitié et plus de lumière qui rendra la guerre impossible et fera progresser l'humanité.
9. IV. 1920. Albert, roi des Belges (1875/...).

C'est l'honneur et le devoir d'un prince généreux et vraiment chrétien, que d'épargner le sang humain.
7. XII. 1594. Henri IV (1553/1610) à *MM. du Parlement d'Artois.*

Voyez tout le sang que coûte un triomphe [en guerre (Fontenoy)] ! Le sang de nos ennemis est toujours le sang des hommes ; la vraie gloire, c'est de l'épargner !   12. V. 1745. **Louis XV** (1710/74) *au dauphin*.
(Pensée adoptée par **Louis XVI et Louis XVIII**).

Le sage doit plutôt chercher à vider les différends par la discussion que par les armes.   **Térence** (env. —190/—159).

Pour défendre la justice ne doit-on pas, s'il le faut, résister à la violence par la violence ? — Non, non ! jamais de violence !
1898. **J. Tannery** (1848/1910).

Les vrais patriotes sont ceux qui ne veulent pas exposer la patrie aux hasards de sinistres guerres.   **Ch. Richet** (1850/...).

Que de peuples ont été écrasés qui ne le méritaient pas !
1919. **P. Gaultier.**

Qui s'obstine à défendre, au milieu de la guerre, la paix entre les hommes, sait qu'il risque, pour sa foi, son repos, sa réputation et ses amitiés même ! Mais que vaudrait une foi pour qui on ne risque rien ?
15. III. 1915. **R. Rolland** (1866/...).

Ce sont encore les pacifistes qui, lorsque la guerre sévit, exposent le plus courageusement leur tête.   **J. Simon** (1814/96).

Il est plus glorieux de tuer la guerre par la parole, que de tuer les hommes par le fer.   **St Augustin** (354/430).

Il suffira, dans un avenir prochain, pour contraindre celui qui déclarerait la guerre, à déposer les armes, de lui couper les vivres... Ce n'est que dans ces conditions qu'une gendarmerie internationale aurait son efficacité, sans qu'il fût besoin de la convertir en une grande armée... Il ne semble donc pas téméraire d'entrevoir un jour où... la force matérielle... se mettra au service du droit international, comme déjà elle s'est mise à celui du droit national.   1919. **P. Gaultier.**

GUERRE DE 1914.

Aux tombes
des centaines de milliers d'innocentes victimes,
Belges ou autres,
de l'odieuse guerre par la famine,
avant et pendant l'armistice,
je destine respectueusement un
bouquet de pensées
cueillies dans ce chapitre.

La prochaine guerre engloutira en une année plus de victimes que toutes les révolutions du siècle présent.
1894. **L. N. Tolstoï** (1828/1911). (1)

-----

(1) En 1905, G. Le Bon avait prévu des « menées formidables, ignorant la pitié et dans lesquelles des nations entières seront méthodiquement ravagées jusqu'à ce qu'elles ne laissent ni une maison, ni un arbre, ni un homme ». Vingt ans après Tolstoï, ce n'était pas difficile, les armements augmentant toutes les années !

La méfiance, plus encore que la haine... conduisit à des armements dont l'exagération rendait la guerre inévitable.

XI. 1917. G. Le Bon (1842/...).

[L'orgueil a perdu l'humanité ; il a été le grand inspirateur de la tragédie. On a perdu de vue les enseignements du Christianisme...]

15. III. 1920. G. Ferrero (1871/...).

Le fléau de la guerre s'est abattu sur les nations le jour où les avait profondément infectées le « naturalisme », cette peste effroyable de notre époque, dont le germe, en se développant, énerve le désir des biens célestes, étouffe la flamme de l'amour de Dieu, soustrait l'homme à l'influence élevante de la grâce du Christ et le livre, privé finalement de la lumière de la foi et muni des seules énergies infirmes et corrompues de la nature, au débordement des passions morales.

VIII. 1920. S. S. Benoît XV (1854/..).

La catastrophe qui a secoué le monde est la suite logique d'une philosophie de dislocation et de ruines.

13. XII. 1919. Card. Mercier (1851/..).

Tous les maux dont souffrent les hommes, par conséquent aussi la guerre, ont pour cause le manque de religion.   Tolstoï (1828/1911).

La conflagration actuelle est une guerre de religion.

1915. M. de Sorgues.

Nous avons, en France, une sorte d'irréligion nationale.

1887. M. Guyau (1854/88).

L'immoralité [de la France] est la cause première de la présente guerre.

XII. 1919. R. Bazin (1853/...).

La crainte mal fondée qu'ont nos voisins des velléités d'annexions allemandes prouve combien est petite leur connaissance de l'âme germanique. Sans cela ils devraient savoir qu'il n'y a en Allemagne pas un personnage politique assez audacieux pour conseiller de violenter des États pacifiques.   I. 1915. W. Wundt (1832/1920).

Empereur de la paix, Guillaume II entendait l'être...

1919. P. Gaultier.

Vor Gott und der Geschichte ist mein Gewissen rein. Ich habe den Krieg nicht gewollt.   II. 1916. Wilhelm II (1859/...).

L'exaspération de ce pacifique empereur qui se voyait dans l'impossibilité d'éviter une guerre dont il ne voulait pas, fut extrême...

X. 1915 et XI. 1917. G. Le Bon (1842/...).

Malgré ses armements, l'empereur d'Allemagne était incontestablement pacifique. Ses vingt-cinq ans de règne, pendant lesquels il sut résoudre maintes difficultés menaçant d'entraîner la guerre, le prouvent nettement... L'Allemagne ne voulait pas la guerre au moment où elle éclata. J'ai cru longtemps que je serais seul en France à soutenir cette opinion. L'évidence des textes a fini cependant par s'imposer...

X. 1915. G. Le Bon (1842/...).

G. Le Bon, bien qu'il soit presque octogénaire, est l'enfant terrible de la France.

Comparée à celle de ses voisins, l'histoire d'Allemagne est singulièrement exempte d'épisodes sanglants. On n'y rencontre ni guerres civiles, ni guerres de religion, ni « journées » ou massacres comme ceux qui abondent en France, en Angleterre, en Italie ou en Belgique..

23. XII. 1920. H. Pirenne (1862/...).

Le fait le plus frappant de cette monstrueuse guerre, le fait sans précédent est, dans chacune des nations en guerre, l'unanimité pour la guerre. C'est comme une contagion de fureur meurtrière qui, venue de Tokio il y a dix années, ainsi qu'une grande vague, se propage et parcourt tout le corps de la terre... Ce ne sont pas seulement les passions de races, qui lancent aveuglément des millions d'hommes les uns contre les autres, comme des fourmilières... ; c'est la raison, la foi, la poésie, la science, toutes les forces de l'esprit qui sont enrégimentées. Dans l'élite de chaque pays, pas un qui ne proclame et ne soit convaincu que la cause de son peuple est la cause de Dieu, la cause de la liberté et du progrès humain. Tous, les uns les autres, se lancent le nom de « barbares » !

15. IX. 1914. R. Rolland (1866/...).

Il n'y a pas d'exemple qu'une nation ait jamais fait son *mea culpa* quand elle avait déclaré une guerre à tort, la France pas plus que les autres.

3. I. 1920. Ch. Gide (1847/...).

Le Français n'est pas militaire, il est belliqueux (1).

1919. P. Gaultier.

La race qui habite les Gaules... est folle de guerre et prompte au combat.

Strabon (—60/+24).

Les enfants de la France ont guerroyé en Italie, en Afrique, en Syrie, en Chine, en Cochinchine, au Mexique. Ainsi, la nation qui se targue de marcher à la tête de la civilisation, continue de porter au loin les ténèbres et la désolation, au lieu des lumières et des bienfaits de la science moderne.

1870. P. Larroque (1801/79).

Ceux qui s'allient aux Russes et aux Serbes, et qui ne craignent pas d'exciter des Mongols et des Nègres contre la race blanche, offrant ainsi au monde civilisé le spectacle le plus honteux qu'on puisse imaginer, sont certainement les derniers qui aient le droit de prétendre au rôle de défenseurs de la civilisation européenne...

30. X. 1914. *Manifeste des 93 intellectuels allemands.*

La France a fait de tout temps grande figure de guerrière... Trop souvent la France gaspilla un sang généreux à l'ambition d'un grand chef de guerre (2).

12. XI. 1914. Abbé Jullien (archiprêtre du
Havre, actuellement S. G. Mgr l'évêque d'Arras).

L'histoire de France est une suite ininterrompue de batailles... Tout prouve que le dernier mot n'est pas dit... La France reste une des cinq

---

(1) L'opinion que la chimère de l'honneur est un si grand bien qu'il le faut conserver même aux dépens de la vie, est ce qui a produit si longtemps la rage brutale des gentilhommes de France.

P. Nicole (1625/95).

(2) Voici une opinion intéressée qu'on pourra suspecter :
La France fut toujours le champion du droit, de la justice et de la liberté. C'est pour en proclamer le caractère imprescriptible qu'à toutes les époques, et sous toutes les latitudes comme sur son propre territoire, elle versa le meilleur de son sang.

1920. Ch. Moureu.

grandes puissances capables d'avoir pour champ d'action la planète entière. XII. 1910. **G. Hanotaux** (1853/...).

Nous aussi, Français, nous sommes un peuple qui a le droit de remplir notre mission civilisatrice (1) dans le monde... Nous avons le devoir impérieux de préparer la guerre.

II. 1913. **Pineau** (Recteur de l'Académie de Poitiers).

Soyons, s'il est possible, les premiers en campagne, accompagnés de fermeté et constance qu'il convient, pour assaillir l'ennemi dedans son pays, sans attendre qu'il nous attaque dedans le nôtre ; car il est périlleux et douteux de demeurer toujours sur la défensive...

11. I. 1597. **Henri IV** (1553/1610) *aux Etats Généraux.*

L'offensive est toujours le meilleur moyen défensif.

J. Foch (1851/...).

Il n'y a que les poltrons pour maudire les conquérants.

A. Brialmont (1821/1903), général belge. (2)

Il [L o u i s XIV] prit en un jour la Lorraine,
La Bourgogne en une semaine,
La Hollande en un mois, malgré le Castillan !
Que ne prendra-t-il en un an ?

R. de Bussy-Rabutin (1613/93).

Quel voleur !

J'ai *toujours* voulu attendre que ce fût la justice qui me mît les armes à la main (3). Louis XIV (1638/1715).

Il n'y a pas d'exemple qu'une nation ait jamais fait son *mea culpa* quand elle avait déclaré la guerre à tort, la France pas plus que les autres.

3. I. 1920. **Ch. Gide** (1847/...).

L'attitude de l'Entente, obligeant la Grèce à prendre part à la guerre, fut bien plus coupable que celle de l'Allemagne à l'égard de la Belgique (4).

Env. X. 1920. *Avanti.*

L'Italie commet une trahison en se joignant à l'Entente.

Osservatore Romano (5).

Si la Grande-Bretagne a riposté à la violation de la Belgique, ce fut par un juste sentiment d'équité assurément, mais aussi par intérêt...

---

(1) Ceux qui ne craignent pas d'exciter des Mongols et des Nègres contre la race blanche... sont certainement les derniers qui aient le droit de prétendre au rôle de civilisateurs...

(2) Faisant allusion à un projet de conquête élaboré par l'état-major de l'armée belge, le lieutenant-général D e C e u n i n c k, belge, lui aussi, écrit (le 22. I. 1921) ces lignes : « Je n'aurais jamais songé à l'élaboration d'un projet, pour l'armée belge seule, ayant pour objectif la prise d'Aix-la-Chapelle ! Les profanes ont souri, tout comme les initiés ».

(3) Voici une prétention du même genre et tout aussi ridicule :
La Convention nationale décrète, au nom de la Nation française, qu'elle apportera secours et fraternité à tous les peuples qui voudront recouvrer leur liberté. 19. XI. 1792. *La Convention nationale.*

(4) A ce propos, n'y eut-il pas un peu d'impérialisme dans l'attitude des gouvernements de l'Entente à l'égard de la Grèce, encore en 1920, lorsqu'ils voulurent s'immiscer dans ses affaires intérieures ?

(5) Nous n'avons lu la phrase que reproduite ailleurs.

Le souci du danger couru par l'Angleterre [est] intervenu. Les Anglais sont trop utilitaires pour n'y avoir pas pensé... (1). L'Angleterre ne fit-elle pas, pendant vingt ans, la guerre à la France pour l'empêcher de s'annexer (2) ce petit pays ?   1919. P. **Gaultier** (3).

L'Angleterre n'admet pas sur le continent de puissance capable de la menacer. En 1815, cette puissance était la France de N a p o l é o n ; en 1915, c'était l'Allemagne de G u i l l a u m e.
30. VIII. 1919. J. Destrée (1863/...).

La guerre est devenue la lutte entre la domination britannique mondiale et le libre développement des peuples.
K. Th. Hellferich (1872/...).

Pourquoi l'Irlande combattrait-elle dans cette guerre pour la Grande-Bretagne ? Qu'est-ce que la Grande-Bretagne a jamais fait pour notre peuple ? Nous combattrons pour la destruction de l'empire britannique et pour l'érection d'une république irlandaise, non pas pour le salut de l'ennemi qui, pendant sept cents ans a couvert les champs de l'Irlande de mort et de dévastation. Nous combattrons pour délivrer l'Irlande d'un enserrement par cette ruine pourrie qui s'appelle l'Angleterre.
XII. 1914. James Larker (chef des ouvriers irlandais).

Même avec ses Alliés, l'Angleterre, depuis la paix, n'a cessé d'imposer sa volonté. Elle s'est emparée de toutes les colonies allemandes et a déclaré son protectorat sur l'Egypte, la Palestine, la Perse, la Mésopotamie, etc., sans parler de la domination indirecte de la mer Baltique et de la Méditerranée par les garnisons anglaises installées à Danzig et à Constantinople ! Mais lorsque la France voulut s'annexer quelques kilomètres d'un bassin houiller destiné à remplacer ses mines détruites, l'Angleterre s'y opposa avec énergie. Elle s'opposa d'ailleurs à la plupart de ses demandes... Les historiens de l'avenir s'étonneront peut-être que la France ait si facilement accepté l'hégémonie (4) anglaise (5).
1920. G. Le Bon (1842/...).

L'impérialisme anglais a conduit à la guerre et a commencé en 1880, par l'occupation de l'Égypte.   23. II. 1921. **Wallhead**.

Si le reste du monde est fou, pourquoi ne pas refuser d'avoir rien à faire avec le reste du monde ?   V. 1916. W. Wilson (1856/...).

---

(1) Pour entretenir l'esprit de guerre chez les soldats anglais, on a dû les allécher par la perspective de voir le Kaiser pendu à la Tour de Londres ! Quel héroïsme !

(2) J'éprouve quelque peine à entendre sans cesse répéter que si la Belgique est indépendante, c'est à la protection de la France qu'elle le doit !
M. de Tracy.

(3) Ailleurs, cet auteur insiste encore en ces termes :

L'Angleterre, se sentant en danger d'être vaincue par la croissance d'une rivale aussi puissante que l'Allemagne, tendait toutes ses énergies en vue d'une lutte implacable... L'Angleterre pacifiste et individualiste, où le service militaire obligatoire était inconnu et considéré comme une odieuse sujétion, est devenue rapidement belliqueuse et militariste.

(4) Mais la France protectionniste est impitoyable vis-à-vis d'Anvers et de la Belgique libre-échangiste !

(5) Voir aussi la rubrique « Angleterre », p. 57.

Le pacifisme [des Américains] du début de la guerre n'était-il pas une conséquence de leur souci de la moralité... ? 1919. P. Gaultier.

C'est pour nous sauver nous-mêmes que nous avons traversé l'Atlantique.   25. II. 1919. *Sun.*

La guerre que fait l'Allemagne au reste du monde... n'est pas une guerre ordinaire ; c'est une guerre animée par un souffle aussi puissant que le souffle religieux qui anima les Croisades.
                                                            II. 1915. E. Perrier (1844/...).

Le mysticisme de l'Allemagne est partout.   1919. P. Gaultier.

[Dans la guerre de 1914] la saine, pure et religieuse Allemagne combat la France athée et franc-maçonne, et la barbare orthodoxie russe.
                                            1914. Card. von Hartmann (1851/1919).

Que sont nos villes ravagées, nos usines pillées, nos biens volés, nos frères tués, à côté du peuple poussé à l'athéisme, du vice triomphant, des enfants pervertis ?   XI. 1918. R. P. Lintelo, S. J. (.../1919).

La France... finit par laisser de côté les dissertations métaphysiques sur le droit, la justice (1) et la nécessité de détruire le militarisme allemand.
                                                            1920. G. Le Bon (1842/...).

Le moyen-âge se battit pour la Foi ; les siècles suivants pour la conquête; Napoléon pour la liberté! Nos Alliés, eux, n'avaient en vue que le Droit et la Justice. Il se pourrait que l'on exagérât un peu en affirmant cela trop énergiquement et que, sous l'apparence de ces mobiles supérieurs, il y eût tout autre chose de plus positif et moins beau.
                                            28. I. 1921. Marg. Van de Wiele (1859/...).

Justice, humanité, fraternité, ce sont des mots sonores, mais qu'on ne sait plus définir exactement.   X. 1920. Mgr. P. Ladeuze (1870/...).

C'est la civilisation latine, répète-t-on partout, que le germanisme voulait détruire et que les Alliés ont défendue... Or, les deux bases fondamentales de l'ordre latin, ce sont l'asservissement des peuples et l'esclavage des individus... Le droit public interne de Rome, au moment de son épanouissement, c'est le césarisme : *omne quod principi placuit, legis vigorem habet.* Son droit public international, c'est l'impérialisme.
                                            X. 1920. Mgr. P. Ladeuze (1870/...).

... Ceux qui ne craignent pas d'exciter des Mongols et des Nègres contre la race blanche, offrant ainsi au monde civilisé le spectacle le plus honteux qu'on puisse imaginer, sont certainement les derniers qui aient le droit de prétendre au rôle de défenseurs de la civilisation européenne...
                                            30. X. 1914. *Manifeste des 93.*

...Cinghalais, Soudanais, Sénégalais, Marocains, Sikhs et Cipayes, les barbares du pôle et ceux de l'équateur !... On dirait l'Empire romain au temps de Tétrarchie, faisant appel, pour s'entredévorer, aux hordes de tout l'univers !   15. IX. 1914. R. Rolland (1866/...).

Désormais « les peaux blanches » n'ont plus ce reproches à faire aux « peaux noires, rouges ou jaunes ». Je dénonce aujourd'hui la politique à courte vue qui a introduit l'Afrique et l'Asie dans les luttes d'Europe.
                                            X. 1915. R. Rolland (1866/...).

---

(1) Justice de la France !? Comment justifier la défection de la France à la cause du Monténégro ?

Les Allemands ne commirent pas, assurément, des fautes psychologiques aussi lourdes que celles de leurs ennemis... Ils ont manifesté beaucoup de prévoyance et d'initiative, qualités dont leurs ennemis souvent manquèrent. X. 1915. XI. 1916. **G. Le Bon** (1842/...).

A une profonde ignorance psychologique, les Alliés doivent beaucoup d'échecs. 1919. **P. Gaultier.**

Surtout après la guerre !

Nos diplomates ignoraient à ce point les dispositions de la Turquie, que nous [Français] lui consentîmes un prêt de 500 millions qui lui servirent uniquement à s'armer contre les Alliés !

1920. **G. Le Bon** (1842/...).

Parmi les défauts psychologiques constatés chez les dirigeants militaires français, le plus nuisible fut assurément la routine... Le Germain est persévérant mais non routinier... Les Allemands... surent s'incliner devant les leçons de l'expérience et ne s'opposèrent jamais aux initiatives créatrices de progrès. C'est pourquoi, au cours de la campagne, ils évoluèrent toujours beaucoup plus vite que les Alliés. Nos critiques militaires ont bien dû reconnaître les constantes initiatives germaniques.

1920. **G. Le Bon** (1842/...).

Les Alliés ont toujours été devancés dans l'application par l'Etat-major allemand. 1918. **G^l Malleterre.**

Tous les hommes valides, en France, furent envoyés au front, sans égard pour la valeur intellectuelle... Toute une génération d'intellectuels a été sacrifiée. V. 1920. **A. Fribourg.**

Jamais, en aucun temps, on n'a vu l'humanité jeter dans l'arène sanglante, toutes ses ressources intellectuelles et morales, ses prêtres [20.000 prêtres français !], ses penseurs, ses savants, ses artistes, tout l'avenir de l'esprit, gaspillant ses génies comme chair à canon ! (1)

14. VI. 1915. **R. Rolland** (1866/...).

En Allemagne, une grande partie de la jeunesse littéraire est restée au foyer, et continue à publier. 19. IV. 1915. **R. Rolland** (1866/...).

...La France est coupable de haute trahison vis-à-vis des temps futurs...

31. I. 1920. **R. Dévigne.**

Un jour, l'histoire fera le compte de chacune des nations en guerre ; elle pèsera leur somme d'erreurs, de mensonges et de folies haineuses. Tâchons que devant elle la nôtre [celle de la France] soit légère.

IX. 1915. **R. Rolland** (1866/...).

Les crimes commis pendant la guerre ne sont pas excusables, mais ils se commettent au cours de la lutte pour l'existence nationale, dans

---

(1) [Pendant la guerre, en France] on considéra tout individu comme unité combattante, sans que sa valeur technique entrât en ligne de compte. Aussi fut-il trop souvent difficile pour nos industriels, et parfois même pour nos savants, d'obtenir les chimistes qu'ils réclamaient ! Les industriels se trouvèrent fréquemment dans l'obligation d'utiliser comme chefs de fabrication des hommes n'ayant aucune connaissance technique... des chefs sans passé scientifique, sans expérience et sans autorité.

1920. **Ch. Moureu.**

Manifestation de militarisme bestial !

les heures de passion où la conscience des peuples est moins sensible (1).
Plusieurs centaines de milliers de non-combattants qui sont morts depuis
le 11 novembre [1918] des suites du blocus, ont été tués avec préméditation.   7. V. 1919. V. **Brockdorff-Rantzau** (1869/...).

Nous considérons comme une injustice formidable... qu'un tribunal
composé de représentants de l'Entente puisse juger nos compatriotes,
alors que les crimes militaires commis par l'Entente demeureraient
impunis. Des centaines de milliers de non-combattants : femmes, malades,
débiles enfants sont morts à la suite de ce cruel blocus de cinq ans...
                                   I. 1920. *Comité des femmes allemandes.*

Si ravir à un seul homme le présent divin de la vie, c'est attenter
contre Dieu..., combien plus sont détestables à ses yeux ceux qui sacrifient tant de millions d'hommes *et tant d'enfants innocents* à leur ambition?
                                                   Ecriture Sainte.

...On fait effort là-bas [en Allemagne] pour concilier l'humanité avec
les exigences de la guerre ; il n'y a aucune différence entre les soins donnés
aux blessés ennemis ; des rapports amicaux s'établissent entre les prisonniers et la *Landwehr* qui les garde, et la nourriture est la même pour ceux-ci et pour ceux-là.   30. X. 1914. R. **Rolland** (1866/...).

Il faut intéresser l'opinion publique du monde entier à ce que la paix
future soit juste, à ce que les appétits du vainqueur, quel qu'il soit, et
les intrigues de la diplomatie n'en fassent plus l'amorce d'une nouvelle
guerre de revanche.   24. I. 1915. R. **Rolland** (1866/...).

La victoire [dans la guerre de 1914-] aurait pour conséquence d'imposer la paix au vaincu. La loi du vainqueur imposée au vaincu serait
acceptée par celui-ci comme une humiliation pénible, comme un sacrifice
intolérable... La seule paix capable de durer est une paix entre égaux.
                                   22. I. 1917. W. **Wilson** (1856/...).

Le malheur d'une nation n'a jamais fait le bonheur d'une autre.
                                        Max. Harden (1861/...).

[A la Conférence de la Paix, Tour de Babel, c'était la confusion des
langues et des esprits... Le traité de Versailles fut une œuvre de violence :

---

(1) L'auteur cité fait sans doute allusion aux atrocités commises par
des combattants allemands en Belgique, dans les premières journées de
l'invasion. Mais, M. G. R e n c y l'a bien montré, « les fusillades, les pillages, les incendies pourraient être mis sur le compte de la... frayeur
panique ». De même, Ét. L a m y. Et M. J. C u v e l i e r, archiviste général de la Belgique et germanophobe incontesté, fait cette juste remarque :
Sans cesse aux prises avec un ennemi insaisissable [après Verviers], les
troupes allemandes devaient sentir se développer en elles, jusqu'au paroxysme, la nervosité inhérente à l'angoisse du danger... Aussi longtemps
qu'ils ne furent pas attaqués, ils se montrèrent « bons enfants »... et on
ne peut plus affables envers la population. Ces hommes croyaient à leur
mission de libérateurs et à la violation du territoire belge par les Français.   II. 1921. J. **Cuvelier.**
Ils croyaient être accueillis à bras ouverts parce que notre premier roi
et notre reine actuelle sont allemands ! Cf. d'ailleurs cit. 6, page 37.
C u v e l i e r signale aussi que, dans la soirée du 4 août, d'inexcusables
brutalités furent commises par une grande partie de la population bruxelloise contre tout ce qui était germanique, et il déplore justement les
sévices à l'égard de paisibles et inoffensives dames allemandes !

le vainqueur imposa sa volonté aux vaincus... Inspirés par des tendances napoléoniennes, il a créé une situation incertaine, qui n'est plus la guerre, mais qui n'est pas encore la paix.]   15. III. 1920. G. **Ferrero** (1871/...).

La paix actuelle ne résulte pas du Traité ; elle se maintient malgré le Traité, par suite de l'épuisement général.   31.I. 1920. R. **Johannet.**

Il serait criminel de se faire des illusions : l'Europe entière est en péril.   III. 1921. G. **Ferrero** (1871/...).

De notre victoire date la libération définitive du continent (!?).
                                                       1919. P. **Gaultier.**

[A la Conférence de Versailles, on a créé des Etats qui ont pour base la Force bien plutôt que la Légitimité et qui réunissent des peuples de race différente... On peut prévoir que la tyrannie exercée sur les minorités... sera encore plus dure que celle de l'ancienne Autriche-Hongrie... Telle est la conséquence paradoxale d'une guerre où l'on s'est pourtant battu pour la Liberté !...] (1)   15. III. 1920. G. **Ferrero** (1871/...).

Que les différents pays sortis du démembrement de l'Autriche soient économiquement viables, on peut en douter !... On a taillé, il faut recoudre !   5. III. 1920. L. **Piérard.**

L. P. n'est pas suspect « d'Austro-bochisme » !

La justice a toujours été le moindre souci des nations victorieuses... La réfection de la carte d'Europe, après la grande guerre, nous renseigne suffisamment...   14. III. 1921. **Piccolo.**

Qu il est difficile d'être victorieux et humblement tout ensemble !
                                                 E. **Fléchier** (1632/1710).

Des États, comme la Tchéco-Slovaquie, ne semblent exister que pour faire pièce au catholicisme.   I. 1921. R. **Johannet.**

... La France, l'Amérique et l'Italie ont laissé... avec faiblesse... l'Angleterre se dérober au devoir de résoudre la question des mers, en rendant

---

(1) A titre purement documentaire, nous reproduisons ci-dessous un extrait du dernier manifeste (traduit) du Conseil des Flandres :

« Poussée par une force majeure, l'armée allemande en ennemi a foulé notre sol. Cependant, au cours de la guerre, nonobstant le terrible sort que les lois imposent aux habitants d'un pays occupé, les Flamands reconnurent que non pas l'Empire allemand, mais bien le gouvernement belge était leur véritable ennemi. En dépit des grandes difficultés dans lesquelles s'est trouvé le pouvoir occupant, le gouvernement allemand a apporté aux Flamands la réalisation d'une grande partie de leurs vœux dans les domaines de la langue, de l'enseignement et de l'administration. A tous ces désirs, le gouvernement belge — bien que l'armée compte 100.000 Flamands pour 12.000 Wallons seulement — répond par un « non » hautain ; or, d'après ce que nous apprenons par la bouche de prisonniers flamands, à présent encore il persécute nos frères, — nos frères dont la seule revendication consiste à être conduits au champ de bataille et à affronter la mort sous un commandement en leur langue maternelle... Un gouvernement belge réinstaurant ici son pouvoir ancien n'apporterait pour nous, Flamands, que de la haine belge, pour notre culture que du mépris français, pour notre charpente politique qu'une tutelle anglaise, pour notre organisation économique que du capital américain avec des créanciers américains. Livré à la France, l'Angleterre et l'Amérique, notre peuple tomberait en déchéance, son caractère s'abâtardirait, il verrait s'éteindre son histoire... »

impossible, par l'exclusion de l'Amérique, une réorganisation systématique de l'Europe.   IX. 1920. G. Ferrero (1871/...).

Le traité de Versailles consacre de façon effrontée l'impérialisme français sur le continent, l'impérialisme britannique sur les océans et l'impérialisme américain sur les bourses du monde entier.
                    Env. 17. V. 1919. *Journaux italiens.*

Nous n'avons pas abattu le militarisme prussien pour le voir remplacer par le militarisme français, le navalisme anglais... Nous ne cesserons pas de lutter jusqu'à ce que soit déchiré l'infâme traité de paix de Versailles.   23. II. 1921. Wallhead..

Unanimement on admet que le traité n'était pas applicable.
                    8. II. 1921. J. Ageorges.

En violant le traité sur tant de points, les Alliés ont prouvé qu'il leur paraît inexécutable.   II. 1921. Simons (1865/...).

A Versailles, les chefs d'Etats ont joué un rôle vraiment abusif.
                    30. X. 1920. L. Leclère (recteur Univ. Bruxelles).

Ce traité n'a aucune valeur.   III. 1921. F. Passelecq.

Les Alliés semblent chercher, par tous les moyens possibles, à se dégager de leur propre œuvre de violence [le traité de Versailles].   X (1)..

A Versailles.... l'idéal entrevu était brouillé par les compétitions des vainqueurs et les complications de l'intrigue... Au lieu de l'union et de la coopération, ce ne sont que des rivalités entre les Etats. Dans le conflit des intérêts, le grand cri d'agonie de l'Arménie massacrée ne parvient pas à se faire entendre... Après deux ans [de « paix »], aucune nation n'est encore parvenue à retrouver son équilibre intérieur... La bureaucratie envahit tout, et la banqueroute menace les Etats.
                    X. 1920. Mgr. P. Ladeuze (1870 /...).

Les diplomates ont écarté — à quel prix — la papauté de leurs stériles ou néfastes délibérations de Versailles.   29. XII. 1920. P. Tschoffen.

Lorsque votre ennemi sera tombé, que votre cœur ne tressaille point de joie !   Env. — 800. *Anc. Testament. Proverbes.*

L'Allemagne devra verser aux Alliés deux cent vingt-six milliards de mark-or... (2).   II. 1921. Les Alliés, à Paris.

------

(1) Le 10ᵉ Congrès des syndicats chrétiens d'Allemagne dénonce dans le traité de Versailles « l'oppression d'un peuple que sa croyance aux quatorze propositions du président W i l s o n a seule déterminé à accepter les dures conditions de l'armistice. Il voit en lui une barrière infranchissable à la rénovation économique et morale de l Allemagne, à la reconstruction de toute l'Europe dévastée... »

(2) Réparer tout... par remboursement en mark-or, impossible [à l'Allemagne] ! Il n'y a plus maintenant un seul « nationaliste », si écervelé soit-il, qui l'oserait soutenir... Pendant un an et demi, pourtant, la presse française « nationaliste » (lire *chauvine*) et les journaux à l'étranger, qui règlent sur elle leurs jugements, l'ont aveuglément nié. Ils ont clamé comme des sourds : « Il faut que l'Allemagne paie ! »... Réduire l'Allemagne à l'état économique et financier de l'Autriche... serait, pour l'Europe et le monde, en tout premier lieu pour les Alliés,... une catastrophe nouvelle venant aggraver toutes les autres... L'esprit de prudence politique doit tempérer l'esprit d'affaires comme celui-ci doit tempérer l'esprit de vindicte. On réalisera ce compromis difficile en ouvrant à l'Allemagne... la perspective d'une « libération anticipée ».
                    21. I. 1921. *La Libre Belgique.*

Les villes de Duisbourg, Ruhrort et Dusseldorf seront occupées par les Alliés.   **7. III. 1921. Les Alliés, à Londres.**

Exiger au-delà des forces de l'Allemagne, c'est risquer de ne rien toucher. Étendre la zone d'occupation, c'est augmenter la haine (1).
           22. II. 1921. É. Vandervelde (1866 /...).

[Les moyens de violence employés par les Alliés ne leur procureront pas ce dont ils ont besoin.]   **20. III. 1921. Simons (1865/...).**

J'ai toujours dit bien haut que je préfèrerais un accord et même un arrangement, à l'application de n'importe quelle sanction et à toute opération militaire... qui... provoque un énervement malsain...
           8. III. 1921. Jaspar.

On ne peut approuver les faits et gestes de ceux qui agitent le sabre... La politique appliquée par la Conférence de Londres est la politique des passions.   **III. 1921. *Tijd*.**

Nous considérons l'existence d'une Allemagne libre et prospère comme nécessaire pour la civilisation européenne...
           3. III. 1921. D. Lloyd George (1863 /...).

L'Allemagne doit actuellement faire face à de grandes difficultés. Elles a perdu toutes ses colonies ; elle a perdu l'Alsace-Lorraine, qui était une source de richesses considérables ; on lui a enlevé le grand bassin houiller de la Sarre...; sa marine marchande a cessé d'exister (2).
           5. II. 1921. D. Lloyd George (1863 /...).

Les Allemands ont fait un effort sincère pour mettre à exécution l'Accord de Spa. Il est juste de leur en tenir compte.   **7. III. 1921. Id.**

Les sanctions proposées à Londres soulèvent des objections évidentes !... Ne sont-elles point de nature à gêner plus ou moins les pays qui en prennent l'initiative et spécialement la Belgique (3) ?... Mais... il faut s'interdire ces réserves, ces critiques sans efficacité...
           30. III. 1921. P.-E. Janson.

Cette dernière restriction est plaisante dans la bouche d'un « libre-penseur » !

---

(1) Les adversaires de l'Allemagne lui ont imposé des conditions qui auraient obligé les enfants et petits-enfants de la génération actuelle allemande à travailler comme des esclaves pour leurs ennemis... Nos adversaires s'avancent pour occuper de nouvelles régions allemandes, violant ouvertement le traité de Versailles. Nous ne pouvons pas opposer la violence à la violence ; nous sommes désarmés. Nous pouvons proclamer, afin que l'entendent tous ceux qui reconnaissent la voix de la justice, que le droit est foulé aux pieds par la force... Si l'on persiste dans cette voie, le moral ne peut qu'empirer. Les hommes d'État alliés ne feront que se créer de nouveaux embarras.   **8. III. 1921. Ebert.**

(2) Elle était déjà réduite au treizième en juillet 1920, alors que le tonnage a augmenté partout ailleurs.

(3) Les milieux commerciaux anversois sont frappés de consternation en apprenant les conséquences désastreuses qu'entraînera nécessairement, pour le port, l'application des sanctions économiques, trop rigoureuses et inefficaces. A Bruxelles aussi, notamment dans les milieux parlementaires, on a les plus vives appréhensions. On voit que notre pays va être mis dans un fâcheux embarras résultant de la ruine complète d'Anvers, ruine désirée et poursuivie depuis quelque temps par le Gouvernement français ultra-protectionniste (voir plus loin). Avant la guerre, l'Allemagne était de loin, parmi nos voisins, notre meilleure cliente.

Au fond toutes ces sanctions sont regrettables.

23. III. 1921. Theunis.

Oui ! La preuve de cette politique de bluff se trouve dans les communiqués officiels.

L'avortement de la Conférence de Londres est un échec considérable des Alliés... Les sanctions constituent... un aveu d'impuissance... Que nous rapporteront-elles ?... On va manger en frais de procédure peut-être plus que les sommes recouvrées !... La confiscation en pays alliés des créances allemandes de ventes de marchandises... est en somme un attentat difficile à justifier juridiquement.

12. III. 1921. F. Passelecq.

Je fais toutes mes réserves sur la légalité des mesures prises contre l'Allemagne. 23. III. 1921. K. Huysmans.

Qu'il est difficile d'être victorieux et humble tout ensemble !

E. Fléchier (1632/1710).

La France ne tente pas la cupidité... Qu'importent les milliards ? La folie des grandeurs est une folie comme les autres — pire parfois, puisqu'elle est plus tyrannique. Le bonheur et même le bien-être ne sent pas affaire de statistique. Tout ce qui fait le charme de la vie : l'épanchement des cœurs, les douceurs de la famille... tout cela ne se dénombre pas... Qu'importent les milliards ?... 18. III. 1911. G. Hanotaux (1853/...).

Une ivresse de milliards a saisi l'Entente. 12. II. 1921. Wirth.

Dieu a donné aux Alliés une victoire éclatante, non pas dans le but de donner des satisfactions à leur égoïsme personnel, mais pour l'accomplissement d'idéal nobles et humanitaires.

28. VI. 1919. W. Wilson (1856/...).

L'homme n'est pas moins grand quand il donne sa vie pour conquérir la vérité, que quand il la risque pour subjuguer une province.

1912. H. Poincaré (1854/1912).

Je ne donnerais pas pour l'Alsace-Lorraine le petit doigt de la main gauche qui sert à secouer la cendre de ma cigarette.

Remy de Gourmont (1858/1915).

La paix vaut mieux qu'une province de plus ou de moins.

1831. Ad. Thiers (1797/1877).

Nous sommes devant la perspective d'une guerre illimitée... Jusqu'au bout ! XI. 1917. G. Clémenceau (1841/...).

Oui, il faut, pour satisfaire la vanité de la France, que l'Alsace-Lorraine lui fasse retour (1).

L'assassinat et le vol à main armée sont moins méprisés en gros qu'en détail parce que, perpétrés au nom d'une nation, ils satisfont la vanité des survivants victorieux. 1913. A. Counson (1880/...).

---

(1) Quand l'Alsace-Lorraine était enchaînée à l'Allemagne son trafic se faisait par Anvers; le sang de nos soldats [belges] a coulé pour rendre à la France les provinces perdues, et, la paix faite, le gouvernement français élève comme une muraille de Chine entre la Belgique et les provinces reconquises. 17. II. 1921. P. Tschoffen.

En effet, le retour de l'Alsace-Lorraine à la France est un désastre pour le trafic d'Anvers et pour la Belgique.

Nous regrettons qu'on n'ait pas fait la paix en 1917... Pour conclure une paix comme celle de Versailles...! (1) 14. VI. 1919. F. Neuray.

Ce traité [de Versailles], je le répudie !

V. 1919. J. Foch (1851/...), *à Clémenceau.*

Faut-il que le monde civilisé se transforme en cimetière ? Emportée par un vent de générale folie, l'Europe, naguère si florissante et si glorieuse, court-elle à l'abîme ? Veut-elle continuer à se porter des coups à elle-même et finir par se suicider ?... 1. VIII. 1917. Benoît XV (1853 /...). (2)

Il n'y a pas moins de dix millions d'hommes qui ont été tués dans cette guerre. Qu'a-t-elle modifié, cette guerre ? Le militarisme qui régnait à Berlin a changé de siège et règne en ce moment à Paris.

26. XII. 1919. Troelstra.

La France est dominée par le parti militariste.

III. 1920. W. Wilson (1856 /...).

Le beau visage de la Victoire semble s'être déjà détourné de nous [Français]... Vainqueurs, nous connaissons l'angoisse des vaincus.

3. I. 1920. A. Lamandé.

J'aurais voulu vous y voir [à la Conférence de Versailles]. J'avais affaire à un type qui se croyait Jésus-Christ et à un autre qui se croyait Napoléon. 1919. G. Clémenceau (1841/...).

La situation mondiale reste profondément trouble, et l'établissement d'un équilibre général stable apparaît comme un évènement encore éloigné. 1920. Ch. Moureu.

Les tergiversations de la politique française tiennent en suspens, avec le rétablissement des conditions effectives de l'état de paix entre belli-

------

(1) M. Marc S a n g n i e r, l'éloquent député de Paris, regrette aussi que les peuples aient si catégoriquement repoussé la tentative de paix qu'avait faite S. S. B e n o î t XV, en août 1917.

(2) Un catholique belge, avant d'être belge, doit être catholique romain. Par conséquent ceux qui, pendant la guerre ou après, ont désapprouvé l'intervention du pape en faveur de la Paix, en 1917, sont de très mauvais catholiques. Quant aux jurés libres-penseurs qui ont réclamé certaines condamnations sensationnelles d'après-guerre, à charge de ceux qui avaient souligné, en 1917, la beauté du geste de S. S. B e n o î t XV, ces jurés-là se sont comportés comme de parfaits imbéciles.

B e n o î t XV a été le principal sinon le seul représentant de la raison en Europe pendant la guerre. Son attitude fut bien digne du Représentant du Christ sur la terre. Dans douze manifestes, le Pape de la Paix s'est élevé contre la furie de guerre païenne. Il est intéressant de signaler que les mahométans eux-mêmes lui ont déjà érigé un monument. Les masses prolétariennes socialistes ont exprimé déjà pendant la guerre, dans leurs journaux, des sentiments de remerciements et de reconnaissance.

Mais en Belgique une odieuse campagne a été déchaînée par la Franc-maçonnerie et, chose stupéfiante, les calomnies odieuses des disciples de V o l t a i r e n'ont pas été sans résultat néfaste chez les catholiques belges (pseudo-catholiques serait plus exact, car les vrais catholiques sont devenus rares en Belgique). Il est consolant d'apprendre que notre roi A l b e r t ira bientôt au Vatican afin d'y exprimer à B e n o î t XV la gratitude de la Belgique pour l'œuvre de mansuétude accomplie par le Souverain Pontife en faveur des prisonniers, des condamnés et des grands blessés pendant la guerre.

gérants d'hier, celui de l'équilibre économique entre toutes les nations du monde. 21. I. 1921. *Le Libre Belgique.*

Le gouvernement français n'a pas d'unité de vues, pas d'unité de personnel. A chaque conférence, il envoie de nouveaux personnages qui apportent de nouvelles tendances ! **L.**

L'année 1920... fut confuse, incertaine et molle, sans que la France y ait trouvé le prix de sa victoire.
9. I. 1921. **J. L. Barthou** (1862/...).

La France, naguère prospère et riche, est épuisée et ruinée, et elle plie sous le poids des dettes immenses contractées...
1920. **Ch. Moureu.**

La France a laissé sur les champs de bataille 57 p. 100 de ses hommes de 19 à 34 ans (1) ! La Chambre française compte 117 mutilés (2). **L.**

La France est ensanglantée, épuisée, ruinée ! 1920. **Ch. Moureu.**

Quelle destinée que celle de la France ! Quelle incomparable histoire !
1920. **Ch. Moureu.**

Vous pensez à la victoire ? Je pense à la paix qui suivra...
17. XI. 1914. **R. Rolland** (1866/...).

La souffrance des combats à peine oubliée, voilà que nous connaissons maintenant les misères de la paix ! 1. I. 1921. **L. J. Finot, P. Paraf.**

Quand saluerons-nous l'aurore de ces temps nouveaux, où la paix descendant sur le Rhin, illuminera enfin le monde entier ?
1. I. 1921. **R. Poincaré** (1860/...)

Il y aura peut-être un jour une Haute-Cour pour nous juger, parce que la France ne comprendra jamais que, de la victoire, nous ayons fait sortir la faillite ! 1919. **J. Foch** (1851/...).

La France s'aigrit de jour en jour davantage contre ses alliés, contre ses voisins et contre elle-même. 21. I. 1921. *La Libre Belgique.*

Nous [Français] avons complètement échoué ; cela est clair. La guerre n'a eu aucun des résultats heureux que nous espérions en tirer.
3. I. 1920. **Charles Brun.**

Il semble que maintenant qu'il sont victorieux, les Français soient comme épuisés par leur héroïsme. II. 1921. **M. Sangnier.**

...Quand l'accès de fièvre sera tombé, [l'Europe] se retrouvera meurtrie et moins fière, peut-être, de son héroïsme carnassier.
15. IX. 1914. **R. Rolland** (1866/...).

De cette mêlée sauvage, toutes les nations aux prises, victorieuses et vaincues, sortent meurtries, appauvries et, dans le fond de leur cœur (bien qu'elles ne l'avouent pas), honteuses et humiliées de leur crise de folie. III. 1919. **R. Rolland** (1866/...).

...Une vérité essentielle se fera jour... et alors les efforts et les souffrances consentis pourraient ne pas avoir été tout à fait vains. Cette vérité, c'est la haine de la jeunesse pour la guerre, c'est la haine des Jeunes pour ceux qui y conduisirent ou y laissèrent conduire le peuple.
1. I. 1921 **Marcello-Fabri.**

---

(1) La proportion est la même pour les intellectuels !
(2) L'année 1919 a été une année perdue [en France]... *Toute l'activité a été sacrifiée à la fête !* 1. I. 1920. **E. Brieux** (1858/...).

Ce traité [de Versailles], je le répudie !   14. VI. 1919. J. Foch (1851/...).
L'Allemagne a perdu la guerre, mais l'Entente l'a perdue aussi ! (1)
VII. 1919. E. Ludendorff (1865/...).

La position politique de l'Allemagne dans le monde s'est grandement améliorée depuis l'armistice... Nous avons tellement affaibli la France qu'elle ne pourra jamais se relever. Après un tel épuisement, la maladie finira par s'y installer. **Erzberger.**

En 1920, l'unité allemande survit à la défaite, à la chute des Hohenzollern et au traité de Versailles ! **X. 1920. J. Bainville.**

Après la résurrection de M. Giolitti, celle de Constantin ; après celle de Constantin, on peut s'attendre à celle de Guillaume ou du Kronprinz. **22. XI. 1920.** *Piccolo.*

Si jamais [l'Allemagne]... ne fut assez forte pour supporter la Victoire sans trébucher, c'est à ses pires heures qu'elle se regénère ; et ses plus hauts génies sont fils de la douleur.
IX. 1914. R. Rolland (1866 /...).

Être vainqueur par la force, sur le champ de bataille, ce n'est pas tout ; il faut aussi l'être par la force spirituelle et morale !
24. XII. 1920. G. Leygues (1857/...).

Dans la guerre, nous [Belges] avons remporté la victoire ; mais dans la paix nous sommes les vaincus. (2)   **4. XI. 1920. J. Renkin.**

Une immense acclamation de joie a salué l'armistice ; chacun s'imaginait que le bonheur allait régner sur notre cher pays... Aujourd'hui nous marchons au milieu d'obstacles de tous genres. Un mot domine la situation : le malaise. Il nous étreint...
26. XII. 1920. Ch. Woeste (1837/...).

Soldats, combattez avec enthousiasme, jusqu'au bout ! Quand les Alliés auront triomphé, et avec eux la cause du Droit, nous vivrons une ère de bonheur ineffable ! *Les Surmilitaristes.*

Il faudra un certain temps avant d'être certain que la Belgique est enfin sortie du trouble matériel et moral où la guerre l'a jetée.
6. XII. 1920. P.-E. Janson.

Sans la fidélité de la Belgique à la parole donnée, s'en était fini de la France, de la Russie et, peu après, de l'Angleterre.
1919. P. Gaultier.

La décision prise par la Belgique, le 4 août 1914, a affecté non seulement le sort de la Belgique, de la France, de l'Europe, mais celui de l'humanité, pour des générations et des générations.
Env. X. 1920. D. Lloyd George (1863/...).

L'héroïque défense des Belges et de leur Roi rentre dans la catégorie de ces événements dont on dit qu'ils ont changé la face du monde.
G¹ Palat.

____

(1) Pendant deux ans les interventions de l'Entente en Russie n'ont servi en définitive qu'à livrer aux bolchévistes les armes abandonnées par les troupes de Denikine, de Koltchak et de Wrangel !
(2) M. Hymans a eu... une attitude d'enfant, de Gribouille, qui a fait le compte de l'Angleterre.   1. III. 1921. P. Nothomb (1887/...).

La Belgique vient d'écrire un chant d'épopée, dont les échos retentiront dans les siècles. Comme les trois cents Spartiates, la petite armée belge tenant tête... au colosse germanique ; — L e m a n Leonidas ; — les Thermopyles de Liége ; — Louvain, comme Troie, brûlée ; le *geste* du roi A l b e r t entouré de ses preux ; — quelle ampleur légendaire ont déjà ces figures, que l'histoire n'a pas encore fini de dessiner !

2. XI. 1914. R. Rolland (1866/...).

La Belgique... en persévérant noblement dans son attitude. malgré ses défaites, a pris place parmi les plus grandes nations de l'Univers.

13. III. 1921. J. L. Barthou (1862/...).

En risquant tout, fors l'honneur, en risquant jusqu'à son bien le plus précieux et le plus cher, son indépendance nationale, pour rester fidèle à ses engagements et pour barrer la route à la barbarie, la Belgique a mérité l'estime et la reconnaissance du monde.

28. VII. 1919. A. Lacroix.

On nous accorde les paroles, on nous loue, on nous flatte, mais les actes sont lents à venir...   16. I. 1921. J. L. Barthou (1862/...).

N'était-il pas dans les destinées de la Belgique d'être Brabançonnée ?

[Belges] arrachons, d'un geste large et résolu, des archives de notre histoire présente, l'amas de flagorneries dont nous avons été l'objet de la part des diplomates et des politiciens, *et dont la valeur est encore moindre que celle d'un chiffon de papier* (1).   1920. A. L. Rutot (1847/...).

Aujourd'hui, les nations ont leurs flatteurs comme jadis les rois.

Louis–Philippe I. (1773/1850).

N'est-il pas navrant de voir cette Belgique, si grande pendant la guerre, si petite aux yeux des Alliés depuis l'armistice !

14. V. 1919. Van Hoegaerden.

La Belgique a fait son devoir, même plus que son devoir. Quoique tout à fait innocente, elle fut terrassée par ses adversaires et *abandonnée par ses amis.*   10. XII. 1914. Cyriel Buysse (2).

La France, sur l'amitié de laquelle nous comptions... commence à nous appauvrir... En Rhénanie, les Français prennent notre place !

1. III. 1921. P. Nothomb (1887/...) (3).

Hier, nous [Belges] étions des géants quand nous râlions, accrochés aux forts de Liége, pour arrêter les Boches. Aujourd'hui, nous ne sommes plus [aux yeux des Français] que des nains, alors que le sang est versé, le pays saccagé, que la casse est pour nous, le profit pour les autres.

7. X. 1919. « Fidelis » (Van de Kerkhove).

---

(1) Belges, cessons de dire nous-mêmes que nous avons sauvé la France et le monde. Nous finirions par nous rendre ridicules et même un peu odieux... en oubliant les 1.400.000 morts [français] de la guerre.

5. II. 1921. L. Piérard.

(2) Cyriel B u y s s e ? — « Toute la Flandre est en lui, vivante et immortelle ». (M. M a e t e r l i n c k, 1920).

(3) « Les Belges, à Duisbourg comme à Dusseldorf, sont maintenus dans les faubourgs et le drapeau français flotte seul à l'hôtel de ville de Duisbourg comme à l'hôtel de ville de Dusseldorf, ce qui constitue une grave humiliation pour la Belgique en face de sa zone. »

Nous [Français] sommes en train de nous conduire comme des mufles...
Nos amis Belges sont tellement furieux de ces procédés de l'impérialisme
français, qu'ils parlent rien moins que de refuser de contracter l'alliance
militaire qui était décidée entre eux et nous.   11. III. 20. Hervé.

La Belgique n'est pas une terre conquise, disposée à enregistrer un
simple protectorat... Nous avons repoussé la servitude allemande. Nous
ne sommes pas décidés à subir une servitude quelconque, même dans
l'amitié... La France ne doit pas considérer la Belgique comme un fruit
prêt à tomber... Nous sommes, en Belgique, fiers de notre indépendance
jusqu'à l'absurde.   11. VII. 1920. J. Destrée (1863/...).

On doit éviter de s'empêtrer dans des alliances étrangères (1).
                                        G. Washington (1732/99).

Il importe que notre politique [belge] ne soit ni francophile, ni anglo-
phile...   16. II. 1921. P. Tschoffen.

L'orientation politique belge doit venir, non du Quai d'Orsay, mais
de la rue de la Loi.   8. XII. 1920. K. Huysmans.

Marcher côte à côte avec la France, c'est le militarisme, le vol de territoires, la guerre ; c'est la mort pour la Flandre, pour sa langue, pour
sa culture, pour sa race.   X. 1920. B. Maes (2).

La Belgique sera notre boulevard [à nous, Français]. Elle nous doit
un million d'hommes de couverture.   1915. Un ancien ministre français.

La convention [militaire entre la Belgique et la France] ne doit pas
être soumise aux Parlements des deux pays, parce que c'est une convention d'ordre technique *et secrète*... (3). 1. IX. 1920. P. E. Janson.

... Cet accord [militaire franco-belge] ne suffit pas à nous donner des
garanties pleinement satisfaisantes...
                                  1. XII. 1920. Ch. Woeste (1837/...).

---

(1) L'entrée [des petits Etats] dans l'orbite de certaines grandes puissances est bien plus dangereuse pour leur indépendance que leur inclusion
dans un organisme mondial... L'intérêt le plus clair de la Belgique est
d'aider par sa foi et son intervention à soutenir la Ligue [des Nations]
qui sera ce que les peuples pacifiques la feront... La solution opposée...
entraînant [pour la Belgique] une vassalité plus ou moins avouée, serait
la préparation la plus active et la plus certaine à la catastrophe finale,
que certains spectateurs d'au-delà de l'Atlantique prédisent pour l'Europe dans deux ou trois lustres... Les alliances et les barrières militaires,
si solides soient-elles, n'ont, à elles seules, qu'une valeur fort provisoire
pour le maintien de la paix. A la longue elles appellent plutôt la guerre.
                                        1920. A. Carnoy (1878/...).
Jamais les Anglais n'ont contracté d'alliance avec aucun pays, sauf
pour un but déterminé, et aujourd'hui ils sont absolument hostiles à tout
accord, à tout engagement qui pourrait les obliger, à un moment donné,
à mettre en mouvement, sur la mise en demeure d'une puissance étrangère, les forces navales ou militaires de la Couronne.
(2) Chef des « frontistes ». Cité afin de représenter tous les partis.
(3) La guerre a fait couler trop de larmes et trop de sang, détruit trop
de souvenirs, de trésors d'art et de capitaux, pour qu'on puisse encore
se résigner à un régime dans lequel une poignée d'hommes décrètent,
dans des conciliabules *secrets*, que des millions d'autres hommes seront
obligés, demain de s'entretuer.   XII. 1918. R. P. Rutten, O. P.
Secret de Franc-maçonnerie ! Mascarades de Carnaval ! « Qui fait le
mal hait la lumière. » (Saint J e a n)

Nos amis Français ont peut-être plus d'intérêt que nous à cette convention... 1. XII. 1920. P. Segers.

Mal préparés à l'exercice de la liberté, certains Belges ne veulent en
user que pour abdiquer aussitôt entre les mains d'amis trop séduisants.
16. II. 1921. P. Tschoffen.

Il existe une conception de la neutralité parfaitement conciliable avec
le développement du sentiment national.
1918. R. P. Th. Hénusse, S. J.

De la neutralité belge il ne sera plus question. La Belgique sera notre
boulevard. Elle nous doit [à nous Français] un million d'hommes de
couverture. 1915. Un ancien ministre français.

C'en est fait de la neutralité belge ! Nous l'avons prévu dès 1916. Quel
que dût être l'aboutissement de la guerre, la neutralité belge était con-
damnée à disparaître... Une chose nous étonne : voilà la Belgique vassale
de la France [à la suite de l'alliance militaire], et l'Angleterre regarde
sans mot dire ! L'Angleterre, qui s'engagea dans la lutte en 1914 « pour la
neutralité de la Belgique », voit aujourd'hui de quelle façon la France
escamote définitivement la Belgique à son avantage. 1920. Hoetsch.

Constatation cruelle et douloureuse, de toute notre longue et loyale
alliance avec la France, il ne nous reste, au point de vue économique,
rien, rien, rien, que la confiscation de notre arrière pays d'Alsace-Lorraine.
XII. 1920. Castelein (Président Ch. Comm. Anvers).

Si la France veut maintenir son protectionnisme, cela ne prouve pas
en faveur de la France, amie de la Belgique. Mais si elle voulait nous
enlever le marché d'Alsace-Lorraine, que nous avons contribué à lui
rendre, je considérerais cela comme une double ingratitude.
17. I. 1921. L. Strauss (échevin du port d'Anvers,
président du Conseil Supér. de l'Industrie et du Comm.).

Il ne reste rien des engagements pris, à diverses reprises, par le gouvernement français, au cours de la guerre ; rien des déclarations formelles
faites, à Spa, par M. Millerand, en personne, à M. Delacroix, en
présence des nombreux journalistes belges qu'il reçut pendant la Conférence spadoise (1). L.

---

(1) Il avait été entendu que l'alliance militaire entre la France et la
Belgique aurait été suivie d'un arrangement économique, car sans l'accord économique l'entente militaire est évidemment un corps sans âme.
Écoutons l'ambassadeur de France à Bruxelles :
Entre la France et la Belgique ce sera bientôt la liberté complète et
la suppression de ce que l'on a si justement appelé les fils de fer barbelés
du commerce. Entre la France et la Belgique, ces fils avaient quelque
chose de monstrueux. Entre deux pays qui s'aiment et s'entendent
comme les nôtres, l'alliance des intérêts réciproques ne sera pas plus
malaisée que celle des cœurs... 14. VII. 1919. M. de Margerie.
Le gouvernement belge, naïf et presque aussi maladroit que le Comité
de Politique Nationale, avait cru pouvoir compter sur la parole de nos
voisins du Sud. Or, en décembre 1920, le ministre du Commerce de France
dit et répète sans ambages qu'il ne veut plus entendre parler de rien !
Et voici des paroles prononcées par l'ambassadeur de France à Bruxelles,
le jour de l'an 1921 :
Quelque désir que nous ayons de déférer au vœu de la Belgique, nous

La Belgique aura des amis, elle n'aura plus de protecteurs.
22. VII. 1919. R. Poincaré (1860/...) *au Parlement belge.*
La Belgique est moins protégée aujourd'hui qu'en 1914.
XII. 1919. H. Carton de Wiart (1869/...).

Hélas ! cela est bien vrai et la Belg que est d'autant plus « poire » qu'elle a été Dieu sait combien sollicitée par les tentatious de l'impérialisme annexioniste !

devons penser à notre intérêt aussi. L'égoïsme est la loi pour tous les peuples ! 1. I. 1921. M. de Margerie.
Et le gouvernement français veut maintenir les droits prohibitifs qui mettent Anvers dans une situation désavantageuse ! Il voudrait qu'Anvers fût fermée au commerce allemand et qu'elle ne pût desservir la France, pas même l'Alsace-Lorraine que, sans notre conduite en 1914, l'on n'aurait probablement pas reconquise ! M. de M a r g e r i e trouve cela tout naturel : « l'égoïsme est la loi pour tous les peuples ! ». Cela fait songer aux fameux « *Not kennt kein Gebot* » qui, en réalité, résume la doctrine du Salut Public ! Le représentant de la France semble donc méconnaître les bases de la Société, qui sont la justice et le droit. Le gouvernement français s'imagine peut-être que le gouvernement belge va se résoudre à laisser consommer la ruine de notre grand port, pour conserver les « Amitiés Françaises » ?!

A ce propos, y a-t-il rien de plus idiot que les déjeuners franco-belges, où l'on prononce des discours étincelants et où l'on déguste des meilleurs vins, ce qui ne sert qu'à obnubiler l'entendement. La Belgique n'en sera pas moins libre-échangiste et la France protectionniste. Au 4e de ces déjeuners on ne sera pas plus avancé qu'au premier ! Protectionniste, la France l'est férocement : l'administration des douanes françaises frappe de droits prohibitifs à l'entrée en France une foule de produits belges : automobiles, cossettes de chicorée, cartons, articles de verrerie, couronnes mortuaires (même pour les plus pauvres gens !) et bien d'autres choses encore ! Amitiés françaiscs ?

La vérité est que les sympathies belges pour la France sont mises à une bien rude épreuve ! MM. P. N o t h o m b et M. F é r o n, eux-mêmes, francophiles bouillants, sont pleins d'indignation ct de colère, et profèrent des menaces ! ! ! Que va donc faire le gouvernement belge ? Lui, qui s'était fâché tout rouge lorsque l'Angleterre renonça au bénéfice de l'article 18 du Traité de Versailles (en vertu duquel l'embargo peut en tout temps être mis sur les biens allemands), va suivre exactement la même méthode ! Les Belges se sont, en effet, rendu compte, finalement, que les Anglais avaient vu clair les premiers. (Du reste, l'Italie renonce aussi à l'article 18 du Traité de Versailles, à la suite de l'Angleterre et de la Belgique). — Un *modus-vivendi* belgo-allemand est donc en préparation (janvier 1920) et Anvers desservira à nouveau l'Allemagne commerciale ! En juin 1920, on a chassé les Allemands d'Anvers; actuellement on les attire : variabilité des passions humaines ! Au point de vue militaire, nous nous jetons dans les bras de la France; au point de vue économique, dans les bras de l'Allemagne ! Que faire au point de vue intellectuel ?

Sur le terrain rétrospectif, il peut être intéressant de signaler que l'infâme *Belgique* de Bruxelles, feuille « embochée » (?) et haïe à mort, avait prévu avec la plus grande netteté, dès 1917-8, les actuels tiraillements franco-belges ! Les nationalistes lui en ont voulu pour sa perspicacité ! Patriotes, nous n'aurions pas dû être aveuglés par le chauvinisme, nous aurions dû reconnaître, malgré ses défauts, les qualités de ce grand quotidien, qui avait, entre autres mérites, de pouvoir, contrairement à la majorité de nos journaux d'avant- et d'après-guerre, être mis dans les mains des jeunes filles.

Tel qui, aujourd'hui est à l'honneur [dans la Grande Guerre] pourrait, demain, s'il n'y prend garde, s'abîmer dans la défaite.. Dieu peut redresser le sens égaré de nos ennemis.
11. II. 1919. Card. Mercier (1851/...).

...Les dancings prolifèrent... Il en sera ainsi jusqu'à la prochaine guerre, déclarée déjà par le Traité de Versailles et qui nous broiera justement.
14. II. 1920. J. Bernier.

Les démocraties d'Occident ne se sont-elles pas un peu battues pour le capital, pour les profiteurs et pour les filles de dancings ?   X.

Combien de « Te Deum » ont été chantés pour des victoires que Dieu maudissait du haut du Ciel !   1868. W. E. de Ketteler (1811/77).

Que de peuples ont été écrasés [dans les guerres], qui ne le méritaient pas !
1919. P. Gaultier.

...Aujourd'hui [que la guerre est finie] les temps sont changés ; l'épreuve ne porte plus le même nom ; cependant, c'est toujours l'épreuve... Des déceptions vous déconcertent, le désenchantement vous obsède (1) ; on a beau se dire que, depuis le 28 juin 1919, l'Europe a son traité de Versailles, le monde n'a pas retrouvé son équilibre... De tous les milieux monte un même soupir de lassitude et d'anxiété : Qui donc nous délivrera de ce cauchemar ? Quand, comment retrouverons-nous la paix ?
2. II. 1920. Card. Mercier (1851/...).

Le respect de la morale a baissé ; la Foi, la pratique religieuse sont en recul. Est-ce donc là le lendemain de notre grande victoire !... Oui, mes Frères, tel est le lendemain de la catastrophe. Faut-il en être grandement surpris ? Les causes produisent naturellement leurs effets. La guerre est un fléau : elle laisse toujours après elle, chez les vainqueurs et chez les vaincus, des ruines, des vides, des déchets... « A peste, fame et bello, libera nos Domine ».   27. I. 1921. Card. Mercier (1851/...).

L'humanité n'apparaît dans toute sa splendeur qu'après une longue guerre.
A. Brialmont (1821/1903) (2).

------

(1) Dans les masses, doléances et murmures : anciens combattants, ouvriers, bourgeois, employés, entrepreneurs, hommes de commerce et hommes de finance, à tort ou à raison, tout le monde geint, tout le monde bougonne.   27. I. 1921. Card. Mercier (1851/...).

(2) Il ne conviendrait pas d'attacher une trop grande importance à cette pensée de l'ineffable général. En effet, il faut bien reconnaître que la guerre a eu pour heureuse conséquence de nous fournir une splendide et précieuse collection de mots nouveaux, dont voici une liste, d'ailleurs encore fort incomplète :
Alboche, albochie, albochophile, antialboche, albochophobe, etc.; boche, bochisme, tripleboche, Blankenboche (pour Blankenberghe), bochevisme, bochie, bochophile, bochophobe, archiboche, surboche, antiboche, proboche, embocher, embochage, embocheur, bochiser, débochiser, rebochiser, etc.; néo-bochisme, néobochiser, etc.; austroboche, austro-alboche, russo-boche, bocho-russe, judaïco-boche, bocho-belge ; allemanité, germanophiliser, germanolâtre, etc.; belgiciste, extrémiste, surextrémiste; bolchévie, bolcheviste, bolchevisme, bolcheviser, débolcheviser, rebolcheviser, ersatz-bolchevisme, néo-bolchevisme, néo-bolchevisme, etc. ; bocho-bolchevie, bocho-bolchevik, etc. ; soviétie, soviétiser, soviétisation, bocho-soviétisateur, etc. ; surflamingant, superflamingant, surflamingantisme, etc.; flamingo-boche, —iser, —isation, —isateur ;

Jamais on n'a assisté à un si effroyable déchaînement de convoitises rivales et d'égoïsmes intraitables : égoïsme national, égoïsmes de classes, égoïsme individuel. Le monde ressemble à une immense ménagerie dont toutes les cages auraient les portes ouvertes. **X.**

Avant la guerre les idées menaient le monde, les intellectuels occupaient la première place dans l'échelle sociale. Après la guerre, on a constaté un abaissement considérable du prestige de la pensée. Le scepticisme est né, les désabusés de l'illusion sont devenus légion ; toutes les idées généreuses traversent une crise profonde. Et ce n'est pas étonnant. Pendant la tourmente ce fût le règne de la force ; les plus belles pensées ont sombré dans l'horreur des tranchées ; le mensonge a régné à l'état endémique des deux côtés du front : il fallait faire du bourrage de crânes pour soutenir le moral des troupes et des civils. **X.**

Si je devais indiquer le remède et le moyen pour acheminer le monde dans les voies de la paix, je proposerais avec force les enseignements du Prince de la paix. D'aucuns disent que la guerre mondiale signifie que la religion chrétienne a fait faillite à sa mission. Non ! non ! mes chers concitoyens. Ce n'est pas cela que la guerre prouve ; elle démontre que le monde s'est éloigné de la religion chrétienne. Mettons un peu plus de sainteté, un peu plus de moralité, un peu plus de piété envers Dieu dans notre vie, et nous pourrons mieux que par tout autre moyen, réaliser plus sûrement la paix durable (1).

17. X. 1920. G. W. Harding (1865/...).

La Société ne pourra retrouver la paix que dans le Christ...

25. XII. 1919. S. S. Benoît XV (1854/...).

Ou le monde sera plus docile aux lois de Jésus-Christ et de son Eglise, ou il marchera vers des catastrophes pires que celles que notre génération a connues. XI. 1918. R. P. Lintelo, S. J. (.../1919).

Ce ne sont pas les lauriers de la guerre... qui assurent, en dernier ressort, la destinée et l'avenir d'un peuple : c'est seule la force morale qui réside en lui. 5. II. 1913. Guillaume II (1859/...).

---

flaminboche, etc.; flamboche, etc.; proflaminboche, etc.; proflamingo-boche, etc.; proflamboche, etc.; flamingo-sinnfeiner, etc.; flambocho-sinnfeiner; aktiviste (il est élégant, paraît-il, d'écrire ce mot avec un *k*), aktivisme, —iser ; néo-aktiviste, etc. ; pseudo-aktiviste, etc. ; semi-akt. ; super-aktiviste, suraktiviste, etc. ; pseudo-néo-aktivisme, etc. ; anti-aktiviste, etc.; aktivo-orangiste, aktivo-orangiser, etc.; aktiboche, bocho-aktivisme, —iser, iste, etc. ; hollando-boche, pannéerlandisme, —iste, iser, etc. ; défaïtisme, Caporettisme, —tien, Giolittisme, —tien, Nittisme, —tien, Barbussisme, —tien, fascistes, léninistes, Zimmerwaldisme, Sudekumisme, Scheidemanisme, Troelstrisme, Greuzlichisme, néo-communisme, Stockholmisme, néo-Stockholmisme, unionsacriste, ypériter, Kaiserisme, internationalo-défaitiste, etc., etc.

(1) Quel est le but d'un homme chargé du gouvernement d'une république ? Ce n'est point de la rendre riche, opulente, puissante, d'y faire abonder l'or et l'argent ; d'étendre au loin son domaine ; d'y entretenir des flottes et des armées nombreuses, et par là de la rendre supérieure à toutes les autres sur terre et sur mer. Il se propose quelque chose de bien plus grand et de bien plus solide : c'est de la rendre heureuse en la rendant vertueuse; et elle ne peut être telle, que par une piété sincère et une soumission parfaite à l'égard de Dieu. **Platon (—429/—348).**

Il n'est guère de défaites ni de victoires définitives dans les éternelles vicissitudes des nations (1).   H. Martin (1813/84).

Les victoires traînent toujours après elles autant de calamités pour un Etat que les plus sanglantes défaites.

                    1688. La Bruyère (env. 1644/96).

En fait de souvenirs nationaux,les deuils valent mieux que les triomphes, car ils imposent des devoirs, ils commandent l'effort en commun.

                              E. Renan (1823/92).

D'un tel bouleversement [la guerre de 1914], les hommes, après un examen de conscience que tous doivent faire, en tous pays, peuvent sortir meilleurs (2).   3. I. 1920. Mgr A. Baudrillart (1859/...).

Je crois que l'inspiration essentielle de ceux qui ont fait la guerre est celle-ci : ne jamais refaire la guerre et, pour arriver à ce but, employer n'importe quels moyens légaux ou illégaux, pacifiques ou belliqueux, humains ou inhumains. Il n'y a pas eu de pire inhumanité que celle qui consiste à courir le risque de 1.500.000 jeunes gens fauchés au bord d'une nouvelle voie sacrée. Tout nous sera bon, je le répète, pour prévenir le retour d'une telle horreur, tout...   XII. 1920. P. Benoît.

La France est dominée par le parti militariste.

                        III. 1920. W. Wilson (1856/..).

Ce sont ces armées gigantesques, se perfectionnant d'année en année, s'accroissant sans cesse, qui ont précipité le monde dans ce conflit terrible. La première condition de la paix est que cette machine de guerre soit brisée, sans possibilité d'être réparée.

            5. II. 1921. D. Lloyd George (1863/....).

É c r a s o n s   l ' i n f â m e !

L'ANGLETERRE (3).

Le nom de *British* est l'ensemble littéral de deux mots hébreux : *ish* (homme) et *brit* (alliance), *British* signifiant ainsi : *Homme de l'Alliance*.

                        Ch. H. Lagrange (1851/..).

Chaque Anglais est une île.   H. Taine (1828/93).

------

(1) Faut-il que le plus fort rêve perpétuellement de faire peser sur les autres son ombre orgueilleuse, et que les autres perpétuellement s'unissent pour l'abattre ? A ce jeu puéril et sanglant, où les partenaires changent de place tous les siècles, n'y aura-t-il jamais de fin, jusqu'à l'épuisement total de l'humanité ?
            15. IX. 1914. R. Rolland (1866/...).
(2) Quoi qu'il puisse sembler à première vue, la guerre a aiguillé l'humanité sur des voies nouvelles. Mais elle y traîne le poids de conceptions surannées et de sentiments invétérés dont l'a chargée une longue histoire.
            X. 1920. Mgr. P. Ladeuze (1870 /...).
(3) Peut-être ne déplaira-t-il pas au lecteur de trouver ici quelques citations sur le plus grand poète de l'Angleterre :
S h a k e s p e a r e, c'est le génie anglais personnifié !
                        Villemain (1790/1870).
Pourquoi S h a k e s p e a r e a fait ses drames ? — Il faut bien manger !
            1725. A. Pope (1688/1744).
S h a k e s p e a r e emploie souvent des expressions alambiquées et sub-

L'Angleterre est une forteresse que la nature s'est bâtie elle-même contre l'infection et la violence de la guerre.
1595. W. Shakespeare (1564/1616), *Richard II*.

L'Angleterre est égoïste; l'égoïsme est une île. Ce qui manque à cette Albion... c'est de la grandeur désintéressée.   V. Hugo (1802/85).

L'Angleterre est le royaume de B a c c h u s, l'école d' E p i c u r e, l'académie de V é n u s, la patrie de M a r s, *le fléau de la France*... La bravoure y est portée à un excès qui approche fort de la férocité.
Oxenstiern (1641/1707).

Les soldats anglais sont des lions commandés par des ânes.
Napoléon (1769/1821).

Redoutons l'anglomanie : elle a déjà gâté tout !
J. P. Béranger (1780/1857).

> Fiers et bizarres Anglais ! qui, des mêmes couteaux,
> Coupez la tête aux rois et la queue aux chevaux ;
> Nous, Français, plus humains, laissons aux rois leurs têtes,
> Et la queue à nos bêtes.   Voltaire (1694/1778).

L'amour du cheval est une des religions de l'Angleterre.
E. Texier (1816/87).

Quoi qu'elle fasse ou dise, l'Angleterre est matérialiste, à son insu peut-être.   H. de Balzac (1799/1850).

In the whole history of the world there was never a race with less liking for abstract reasoning than the Anglo-Saxon.
1902. J. Perry (1851/1920).

L'Anglais n'est point intellectualiste... Il ne considère pas l'intelligence... comme une chose très importante.   1919. P. Gaultier.

Le défaut d'imagination naturelle est propre à l'insulaire... Il n'y a pas de vrais Anglais éloquents.   28. II. 1921. H. Davignon.

L'éloquence, compagne ordinaire de la liberté, est inconnue en Angleterre.   1791. Card. J.-S. Maury.(1746/1817).

------

tiles pour énoncer laborieusement les choses les plus simples...
Villemain (1790/1870).

La tragédie de S h a k e s p e a r e est le produit de l'artifice et sa comédie le produit de l'instinct.   S. Johnson (1709/84). Anal. Forbes.

Le comique de S h a k e s p e a r e, c'est de la bouffonnerie sans esprit.
S. Foote (1720/77).

Le comique de S h a k e s p e a r e [est] tout à fait bas...
S. Johnson (1709/84).

S h a k e s p e a r e est un esprit grossier et barbare.
Shaftesbury (1671/1713).

S h a k e s p e a r e est un plagiaire, un copiste; il n'a rien inventé : c'est un corbeau paré des plumes d'autrui... S h a k e s p e a r e est un enfleur de vers blancs, une bête féroce... *Tyger's heart wrapt in a player's hyde.*   1592. R. Greene (1560/92).

Délivrez-nous, Monseigneur,... de ce niais de S h a k e s p e a r e. *Libera nos, Domine.*   Voltaire (1694/1787), *au Cardinal B e r n i s.*

S h a k e s p e a r e, monstre, ivrogne, faquin, histrion, barbare.
Voltaire (1694/1778).

S h a k e s p e a r e est très Anglais, trop Anglais...   Hugo (1802/85).

L l o y d G e o r g e est trop Anglais ! Lord Derby, le 15.XII.1920.

C'est de l'Angleterre que sont sortis, comme des brouillards, les idées métaphysiques et politiques qui ont tout obscurci.
J. Joubert (1754/1824).

La vulgarité européenne, la médiocrité plébéienne des idées modernes voilà l'œuvre de l'Angleterre ! 1890. F. Nietzsche (1844/1900).

L'éducation anglaise est, sur certains points, plus pitoyable encore que la française. 1904. C. A. Laisant (1841/1920).

La femme anglaise est une pauvre créature, vertueuse par force, prête à se dépraver. H. de Balzac (1799/1850).

La vanité est l'âme de toute société anglaise.
A. Lamartine (1790/1869).

Quel est l'officier anglais qui aurait voulu partir à la bataille sans être rasé ? 1919. P. Gaultier.

Avoir de l'argent est si visiblement le seul mérite reconnu à Londres, que les Anglais pauvres se méprisent eux-mêmes.
Th. Gautier (1811/72).

En Angleterre, des jeunes gens se livrent à des études spéciales... après quoi ils aspirent à occuper des postes bien rémunérés de secrétaires de comités *de charité* ! Nous [Belges] rougirions d'être payés pour nous montrer charitables ! (1) I. 1920. G. Rency (1875/...).

Dès que sa fortune se délabre, un Anglais se tue ou se fait voleur.
1748. Montesquieu (1689/1755).

[L'Angleterre].. peuple qui croit ne pouvoir acheter ses richesses à trop haut prix... J. Joubert (1754 1824).

Songez aux sentiments que dut éprouver la Belgique quand elle vit des firmes anglaises lui vendre, aux prix anglais, des rails sortant tout chauds des aciéries allemandes ! 7. VI. 1919. *Morning Post.*

L'Angleterre n'attaque pas le territoire de tous les peuples, mais elle en attaque le commerce ou par la force ou par la ruse.
L. de Bonald (1754/1840).

L'Angleterre est une nation de boutiquiers. Napoléon (1769/1821).

Toutes les richesses de l'Angleterre sont des dépouilles volées aux tombeaux. A. A. Ledru-Rollin (1806/74).

Chaque guinée qui rentre dans les caisses de Londres est souillée de sang humain. A. Brialmont (1821/1903).

Dans la guerre des Boers contre l'Angleterre... la petite nation africaine avait pour elle le droit, le patriotisme... elle a été vaincue par une armée de mercenaires.
16. XII. 1903. P. Mansion (1844/1919), *à l'Académie belge.*

---

(1) On a osé mettre en doute que le Belge, en général, vaille mieux que l'Anglais sous ce rapport ! « La dotation des combattants ne nous a-t-elle pas couverts de ridicule à l'étranger ? La Belgique est le seul pays où les soldats aient réclamé un pourboire ! » (Ce sont à peu près les termes de P. E. J a n s o n).

Je hais l'oppression d'une haine profonde.
Aussi, lorsque j'entends, dans quelque coin du monde,
Sous un ciel inclément, sous un roi meurtrier,
Un peuple qu'on égorge appeler et crier ;...
Quand l'Irlande saignante expire sur la croix ;...
Alors, oh ! je maudis, dans leur cour, dans leur antre,
Ces rois dont les chevaux ont du sang jusqu'au ventre !

V. Hugo (1802/85).

Les représailles exercées [en Irlande] contre une population inoffensive... par des actes de haine, ont terni la réputation de l'Angleterre. (1)

22. XI. 1920. *Times*.

---

(1) Quel est le bilan de la « répression » anglaise en Irlande ? En 1920, les soldats anglais ont assassiné, en Irlande, 175 jeunes gens, 6 femmes, 12 enfants et 10 vieillards ! Parmi ces morts, aucun n'a été exécuté à la suite d'un jugement régulier ou au cours d'un conflit armé ! Les pertes entraînées par cette année de guerre civile sont de 5 milliards et demi de francs !

Pendant les pourparlers de décembre 1920 (dont l'initiative avait été prise par un archevêque australien), les Bachi-Bouzouks de M. L l o y d G e o r g e violèrent 8620 domiciles, arrêtèrent 1,347 hommes et enfants, déportèrent 105 personnes, en blessèrent 72, brûlèrent 153 habitations, 3 laiteries coopératives, 8 fabriques, 24 hôtels de ville, 253 magasins, 88 fermes et tuèrent 52 citoyens irlandais dont un vieux prêtre, une femme sur le point d'être mère et treize prisonniers sans défense. Les *blacks and hans*, corps auxiliaires de police anglaise, recrutés parmi des officiers démobilisés, brûlent les fabriques et les laiteries coopératives pour atteindre la population agricole de l'Irlande dans son industrie vitale. Déguisés et masqués, ils font des raids nocturnes aux domiciles des sinn-feiners notoires et les tuent sans autre forme de procès, même lorsque ces sinn-fein ne sont coupables que de délit d'opinion. Il importe de noter que le peuple irlandais est le plus pacifique qui soit ; les crimes de droit commun sont à peu près inexistants en Irlande.

Il peut être intéressant de signaler que les troupes anglaises, pour brûler la ville de Cork, en 1920, se sont servies de grenades analogues à celles dont les Allemands firent usage à Louvain. Aussi les incendiaires furent-ils acclamés par les gendarmes royaux ! Quant à la Chambre des Communes, elle refusa une demande d'enquête ! Les soldats anglais ne valent pas mieux que les soldats allemands, français, turcs ou sénégalais, car ils s'amusent à terroriser et à tuer les civils sans aucune raison et ils incendient aussi les bibliothèques. En réalité, tous les militarismes se valent. L'esprit militaire est l'esprit du mal.

L'épiscopat belge s'est ému, à juste titre, de ces crimes et voici ce qu'il dit dans une lettre collective en réponse aux cris de détresse lancés par l'épiscopat d'Irlande :

Qu'est-ce donc que votre histoire [Irlandais], sinon le long calvaire d'un peuple sans cesse trahi, persécuté, spolié, affamé, mais indéfectible toujours dans sa foi et dans sa passion de la liberté ?

Env. 20. XI. 1920. **Card. Mercier** (1851/...) *et les évêques belges*.

Et voici un extrait d'une lettre d'un évêque français :

La France a toujours aimé l'Irlande. Il serait honteux que dans l'épreuve présente, le cœur de la France se crût enchaîné par une alliance politique et que la voix de sa commisération prudemment étouffée ne s'élevât pas en faveur de votre nation meurtrie... Le droit de disposer de leur destinée a été reconnu aux nationalités comme la plus heureuse des conquêtes de la grande guerre. Que ce droit soit appliqué à l'Irlande !

En. 10.I.1921. **Mgr. Castellan** (évêque de Chamberry) *au Card. Logue*.

— ... Une femme irlandaise allaitant son enfant a été assassinée par des soldats anglais !

— Que voulez-vous ? C'est la guerre !

8. XI. 1920. D. Lloyd George (1863/...).

Parvenu en Angleterre, le Jéhovah biblique est devenu un Dieu anglais, gouvernant le monde au profit de l'Angleterre.

XI. 1917. G. Le Bon (1842/..).

L'Acte de navigation a rendu les Anglais ennemis de toutes les autres nations et leur a inoculé un orgueil féroce. **H. de Balzac (1799/1850).**

Il existe aujourd'hui un peuple [l'Angleterre], pour le malheur des autres, tellement absorbé dans le trafic, à tel point tourmenté de la fièvre du gain, qu'il rêve, dans son délire, l'envahissement du globe entier, trop étroit encore pour ses convoitises. La violence, la fraude, la perfidie, la trahison, l'impudence et l'hypocrisie, tout lui est bon, pourvu qu'il parvienne à ses fins (1). **Lamennais (1782/1854).**

Anglais, cessons de dire nous-mêmes que nous valons mieux que les Allemands, car nous finirions par nous rendre ridicules et odieux ! **X.**

L'Anglais, filou comme peuple, est honnête comme individu. Il est le contraire du Français, honnête comme peuple et filou comme individu. **Env. 1866. E. et J. de Goncourt.**

L'Angleterre et la France sont deux aimants qui s'attirent par un côté et se fuient par l'autre, car ils sont à la fois ennemis et parents.

J. de Maistre (1753/1821).

L'Angleterre est le fléau de la France. **Oxentiern (1641/1707).**

Le gouvernement actuel de l'Angleterre poursuit, d'une manière implacable, son but qui est de placer la France dans un état de servage favorable à ses projets d'impérialisme économique et politique dans le monde entier... **Env. 20. XII. 1920. Jean Rey (*Eclair*) (2).**

Je ne crois pas que la Grande-Bretagne et la France doivent vivre en parfaite harmonie (3). **A. Brialmont (1821/1903).**

---

(1) Protection ou protectorat de la Grèce constantinienne, maîtrise de la Méditerranée orientale et des détroits, installation d'un Etat sioniste en Palestine, encouragements à Faycal et aux gens du Hedjaz, emploi des Grecs contre les Turcs, utilisation du gouvernement de Constantinople contre celui d'Angora, partage de l'Asie musulmane avec les bolcheviks, occupation de la Mésopotamie, domination politique et militaire en Perse — ce ne sont là que les divers traits d'un vaste programme qui consiste à faire entrer dans l'empire britannique tous les territoires qui, avant la guerre, constituaient l'empire ottoman.

Le Temps, vers le 22. XII. 1920.

(2) Voir aussi la rubrique « Guerre de 1914 » page 36.

(3) Effectivement, que de chicanes déjà ! depuis l'armistice : Le conflit au sujet de la Turquie, l'occupation française de Francfort, blâmée par les Anglais, le différend franco-anglais au sujet de la Pologne, de la reconnaissance du général W r a n g e l, la question des réparations, etc., etc.!

Ce sont des faits. Veut-on maintenant de l'éloquence diplomatico-militaire ?

Le sang versé en commun renforcera l'amitié qui désormais unit nos deux armées [anglaise et française] et qui continue l'amitié que les deux nations anglaise et française se manifestent depuis longtemps !

10. XI. 1920. J. Foch (1851/...).

Et la vérité, la voici :

Les belles phrases dont on est prodigue à présent, sur les liens indisso-

L'Angleterre ne demanderait pas mieux de mettre aux prises la France
et l'Allemagne, comme elle a jeté le Japon sur la Russie.
V. 1907. H. Lichtenberger (1864/...).

L'Angleterre n'admet pas sur le continent de puissance capable de
la menacer. En 1815, cette puissance était la France de N a p o l é o n ; en
1915, c'était l'Allemagne de G u i l l a u m e.
30. VIII. 1919. J. Destrée (1863/...).

L'Angleterre a profité de la guerre pour agrandir immensément son
empire, imposer sa volonté aux peuples faibles et substituer en Europe
son hégémonie à celle de l'Allemagne.   1920. G. Le Bon (1842/...).

Vous, Belge, ne devriez pas citer tout cela au sujet des Anglais (1) : ce sont nos Alliés !

La Grande-Bretagne n'a jamais promis d'aller au secours de la Belgique au cas où celle-ci serait de nouveau attaquée par l'Allemagne.
28. X. 1920. D. Lloyd–George (1863/...).

On nous dit que M. L l o y d - G e o r g e est animé des meilleures intentions. L'enfer aussi ! (2)   7. XI. 1920. J. L. Barthou (1862/...).

— *Et vous, qui faites ces citations, que pensez-vous de l'Angleterre ?*
— *Avec respect nous rappelons qu'elle a produit* Newton *et* Lord Kelvin !

LA BELGIQUE.

Tandis que les grandes nations protestantes, l'Allemagne, les Etats
Unis, se font gloire de proclamer officiellement les droits souverains
de Dieu sur l'humanité..., en Belgique, parmi tous ces hommes... qui
prennent place à gauche de nos assemblées législatives, il n'en est pas
un qui voulût et qui osât prononcer avec respect le nom trois fois saint
de notre Dieu.   III. 1912. Card. Mercier (1851/...).

Notre Parlement n'est pas allé en corps, comme celui d'Angleterre
et celui des Etats-Unis, rendre un hommage collectif au Maître Souverain
qui avait daigné bien bénir nos armées...; nos hommes publics ont oublié
de mêler le nom de Dieu à leurs acclamations triomphales...
27. I. 1921. Card. D. Mercier (1851/...).

---

lubles que créent la fraternité des armes et le sang versé en commun,
ne sont que de la littérature ; ces liens-là ne survivent pas à une génération.   30. VIII. 1919. J. Destrée (1863/...).

(1) Que ne disent-ils pas de nous, Belges, « nos amis » les Anglais ? La
même chose que les Boches ! Exemple :

Plus personne ne peut nier aujourd'hui que la population civile
belge, exaspérée par le triomphe de l'armée étrangère [dans la guerre de
1914] ne se soit livrée, à certains moments, à des actes de violence isolés
et même à des cruautés barbares qu'aucun tribunal ne pourrait excuser.
20. X. 1920. *Sheffield Independent.*

A titre documentaire, car nous ne voudrions jamais prendre la responsabilité d'une telle
affirmation !

(2) L l o y d   G e o r g e n'est pas content : « Je suis fâché, dit-il (4. XII. 1920),
de voir des journaux français publier des attaques contre l'Angleterre...
[Ils tâchent de] trouver des calomnies contre le pays qui s'est porté
au secours de la France aux jours les plus critiques et qui a sacrifié en
France l'existence de 600.000 hommes pour défendre les libertés de la
France (Sic !)... Cela leur fait honte ! »

Le Belge possède les plus désagréables défauts : il est médisant, grognon, débraillé, indiscipliné, bref très mal élevé.

23. I. 1920. **E. Vandervelde** (1866/...).

Au point de vue de l'égoïsme, la Belgique peut donner des leçons (1) !...

1. I. 1921. **M. de Margerie.**

Le peuple belge a de grands progrès à faire au point de vue de l'affinement des mœurs. 4. I. 1920. **G. Rency** (1875/...).

Notre soldat [belge] ne sait pas se faire respecter...

1. III. 1921. **P. Nothomb** (1887 /...).

[J'ai] dû combattre à l'État-major de l'armée [belge] une coterie où règnaient un esprit déplorable et des manœuvres inavouables (2).

27. I. 1921. **Lieutᵗ-Gén. De Ceuninck** (env. 1848/...).

Ne devrions-nous pas mettre notre honneur national à faire disparaître la réputation de peuple le plus mal élevé de l'Europe, dont nous sommes affublés à l'Étranger ? 1920. **A. Carnoy** (1878/...).

Cessons de dire nous-mêmes que nous avons sauvé la France et le monde. Nous finirions par nous rendre ridicules et même un peu odieux...

6. II. 1921. **L. Piérard.**

Nous sommes en train de nous conquérir une jolie petite réputation à l'étranger ! 17. III. 1921. *La Libre Belgique.*

Nous ne possédons [Belges] ni la distinction française... ni la profondeur sentimentale des Allemands... Nous manquons de délicatesse et de raffinement (3). 1911. **E. Verhaeren** (1855/1916).

En Belgique, le spectacle d'un ivrogne titubant ou tombant ivre-mort fait rire et n'attriste pas. **L.**

---

(1) Les Belges, dans les négociations économiques, demandent beaucoup de choses à la France, mais ils n'offrent rien en échange !

5. II. 1921. **L. Piérard.**

(2) Au lieutenant-général D u f o u r, qui avait vu ou cru voir dans une lettre du lieutenant-général D e C e u n i n c k, des « lamentations d'un cœur ulcéré que le dépit ronge depuis sept ans », ce dernier général répondit ceci (27.I.1921) : « S'il y a aujourd'hui un cœur ulcéré que le dépit ronge depuis plus de neuf ans, c'est celui du général D u f o u r qui, en 1912, n'a pas eu assez de philosophie pour accepter d'être évincé par moi dans le poste de chef d'état-major de l'armée, et qui a eu, en somme, comme je le lui écrivais, une fin de carrière assez peu enviable ». — Cette polémique publiée complaisamment par le patriotard et chauvin *Soir* de Bruxelles (où on pourra la savourer dans son entièreté) n'a qu'un intérêt, mais il n'est pas mince : celui de mettre en lumière le bel esprit de solidarité et de discipline qui règne dans les milieux militaires belges !

Rencontrant un autre général, le roi A l b e r t le félicita. — A quelle occasion ? demanda le militaire. — « Parce que vous n'écrivez pas, général ! »

(3) Serait-ce pour cette raison que l'Académie Française refusa de se faire représenter à la séance d'installation (en février 1921) de l'Académie belge de langue et de littérature françaises, et que M a e t e r l i n c k brilla par son absence ? Signalons, en passant, que le Roi n'y prit point la parole ! P. E. J a n s o n, qui est tenu à la plus grande réserve, trouve que « ce ne fut pas particulièrement excitant ». A vrai dire, cette séance fut insipide et soporifique. A un certain moment toutefois l'auditoire fut réveillé par l'éloge, que fit M. W i l m o t t e, de l'Allemagne ! Quelle consternation les Français se sont épargné en s'abstenant !

Sous le vernis catholique, les mœurs, la pratique, le cœur, l'esprit, tout est païen en Belgique.   1865. **H. Taine** (1828/93).

Ce qui est vrai, hélas ! c'est que, depuis la guerre, la Belgique s'est lamentablement paganisée. Cela crève les yeux, même les plus myopes. Le catholicisme est actuellement, en Belgique, une citadelle endormie. De ses chefs, l'un a la réputation (méritée ou non) de chercher à combattre le « flamingantisme », l'autre de donner libre cours à son chauvinisme. En tous cas, le danger est flagrant !   **L.**

La Belgique, pays demi-germanique (1).
                    1897. **H. Fierens–Gevaert** (1870/...).

Nous [Belges] trouvons des exemples à suivre, des modèles à imiter aussi bien à l'est qu'au sud et cela dans presque tous les domaines... Une association pour l'extension de la langue allemande ne serait pas moins utile, en Belgique, que l'association pour l'extension de la langue française.
                    Journal de Liège.

De par sa situation géographique comme de par sa composition racique, la Belgique... [doit] prêter une égale attention aux deux grands courants de l'Europe occidentale [l'Allemagne et la France] et... [ce serait] une faute que de vouloir l'orienter dans un sens unique... La presse [belge] d'expression française s'est alimentée un peu trop exclusivement de journaux de Paris...
                    I. 1921. **J. Cuvelier** (archiviste général de la Belgique).

Notre mère la Germanie...   **L. Van der Kindere** (1842/1906).

Entre les Flamands et les Allemands, unis par les liens de la langue et du sang, il y a une parenté historique.
                    Hertogs (ancien bourgmestre d'Anvers).

Le flamand est une fenêtre largement ouverte sur le génie germanique, comme le français en est une sur le génie latin.
                    Edm. Picard (1836/...).

La violence faite au peuple flamand (2), cet antique rameau de la race germanique, est une des monstruosités de l'histoire de l'Humanité.
                    1919. **E. Ludendorff** (1865/...).

N'est-ce pas une monstruosité de l'histoire que la noire ingratitude de la Belgique à l'égard de ses bienfaiteurs ?   **X.**

La nuit de la *Muette* fut ... une mauvaise farce d'écoliers.
                    A. Gendebien (1789/1869).

Quelle est aujourd'hui la situation de la Belgique ? Une association, traînant à sa suite le meurtre et le pillage, y domine le gouvernement.
                    12. IV. 1831. **F. H. B. Sebastiani** (1772/1851).

C'est depuis que nous sommes séparés de la Hollande que nous avons pris pour devise : « L'Union fait la Force » !   **X.**

---

(1) ... [La] culture germanique dans sa branche néerlandaise... ne nous a-t-elle pas donné [à nous, Belges] quelques-unes de nos œuvres marquantes dans la passé... ? Scientifiquement, elle a, cette culture germanique, prolongé ses racines jusqu'en terre wallonne...
                    15. II. 1921. **M. Wilmotte** (1861/...).

(2) Vu son importance capitale, nous croyons devoir produire ici quelques citations sur la question flamande.

En 1830, la centralisation a été admise comme base de l'unité [belge].
Cette centralisation se produisit dans un sens essentiellement français (1).
1. II. 1918. Cte de Broqueville.

Il n'y a pas de Belges, mais des Flamands et des Wallons !
1914. J. Destrée (1863/...) (2).

La fusion entre Wallons et Flamands n'est pas souhaitable. Elle n'est
pas même possible (3).   1914. J. Destrée (1863/...).

La situation actuelle pour nos soldats flamands est intenable.
11. VIII. 1919. P. Poullet (1865/...).

Tentons de créer [dans l'armée belge] des unités flamandes et des
unités walonnes.   1. II. 1918. Cte de Broqueville.

[Aimer et défendre la cause flamande, sentir en flamand, parler flamand,
revendiquer le droit inaliénable des Flamands, c'est ce que d'aucuns
appellent : semer la division, être sacrilège, faire la révolution !].
6. IX. 1919. Mgr. Rutten (évêque de Liége).

Le séparatisme wallon est bien plus dangereux pour la Belgique que
le séparatisme flamand.   25. IX. 1920. J. Destrée (1863/...).

Dans certaines éventualités, la Wallonie serait obligée à recourir
à la séparation administrative.   Sénateur belge Magnette.

On ne pourra ni user ni étouffer le flamingantisme; on pourra l'exaspérer, et là est le danger.   1920. A. Carnoy (1878/...).

A la fin de 1917... l'activisme sévissait en Belgique... Des informations,

---

(1) Qui eût osé parler en 1835 d'université flamande eût été taxé d'oran-
giste et considéré comme suspect !... La Belgique ... cherchait à réaliser
son unité nationale dans la langue française... Cependant... un demi-siècle
de régime français ne parvint pas à effacer la langue flamande... De ce
désaccord entre les institutions officielles et la réalité dérivèrent des frois-
sements et des injustices... Sous-évaluées au début, ces revendications ne
firent que s'exaspérer dans l'attente. 3. IV. 1921, J. Destrée (1863/...).

(2) M. D e s t r é e a changé d'avis : il avait des intérêts personnels à
sauver. Respect à la Vérité !

(3) Ce n'est pas un phénomène ordinaire que de trouver dans un même
pays et dans les mêmes cités [en pays flamand]... deux mentalités aussi
opposées que celles des « fransquillons » et des « flamingants »... La diver-
gence de vue sur la question linguistique se double d'une différence
complète de conception sociale... entre une bourgeoisie héritiere des
idées de 1830, libérale... dans ses principes, aristocratique et convention-
nelle dans ses tendances, matérialiste souvent dans la conception de la
vie, et le peuple qui... a associé le mouvement flamand avec tous ses
efforts de régénération sociale, de renaissance nationale, d'amélioration
morale et matérielle et de développement intellectuel.
1920. A. Carnoy (1878/...).
... Notre peuple flamand est un peuple déshérité et opprimé. Des
siècles de domination exercée par une race étrangère à notre essence,
à notre culture, ont étouffé chez ses descendants la virilité de caractère
de nos ancêtres, qui jadis enrichirent l'Europe par leur exubérance
de vie et leur puissance. Mais celui dont les yeux parviennent à percevoir
ce caractère, dont l'oreille peut encore distinguer sa voix, entend aujour-
d'hui résonner à nouveau cette voix, aperçoit à nouveau ce caractère
se libérant de tout ce qui l'opprimait : la poussée joyeuse et irrésistible
d'une force populaire ayant à nouveau conscience de soi-même...
Extrait de la *Proclamation* du **Conseil des Flandres**, du 20. VI. 1918.

erronées heureusement, attribuaient à ce mouvement une certaine importance.   2. I. 1919. G. Lecointe.

Ne dirait on pas que ce texte a passé par la censure militaire ou académique ! ?

La Flandre subit une crise terrible; le problème linguistique y est devenu si mystique, qu'il dépasse même le sentiment religieux (1).
                              4. XI. 1920. V. Brifaut.

[Les enfants qui reçoivent l'enseignement dans une langue étrangère sont des estropiés intellectuels].   M. Barrès (1862/...).

Comment se fait-il que les Flamands ont attednu si longtemps le redressement d'un grief aussi évident [l'inexistence d'une université flamande] ?   3, IV. 1921. J. Destrée (1863/...).

Nous devrons admettre la flamandisation de l'université de Gand.
                              1. II. 1918. Cte de Broqueville.

Le nombre [de nos chaires d'enseignement en langue flamande] devrait s'accroître encore [à l'Université de Louvain].
                              27. I. 1921. Card. D. Mercier (1851/...).

...Des activistes, parfois pour des motifs élevés... se sont mis au service de l'ennemi... (2).   25. IX. 1920. J. Destrée (1863/...).

Les Belges... ne possédaient pas, quand éclata la guerre de 1914, à proprement parler d'âme nationale.   1919. P. Gaultier.

Le Belge ne professe pas un patriotisme très éloquent.
                              Env. 1911. P. André (1873/...).

Il est bien certain qu'au début de la guerre, à côté d'héroïsmes magnifiques, il y a eu [du côté belge] des faiblesses. En définitive, le soldat [belge] a été inférieur à ce qu'on pouvait attendre de lui. Il ne tenait pas bien sous le canon. Les pertes dans les combats ont été plus élevées que la logique ne permettait de l'admettre. Il y eut beaucoup plus de prisonniers également.   4. V. 1920. Gl Maglinse.

---

(1) Voici, à titre purement documentaire, la finale d'un télégramme adressé à Notre Saint-Père par le groupe « Catholiques flamands », vers le 20 décembre 1920 :
« Si Sa Sainteté veut aider à empêcher que la Flandre suive l'exemple de l'Irlande ou de la Lithuanie, qu'elle mette alors un terme à l'activité anti-activiste du Cardinal M e r c i e r. La jeunesse catholique flamande qui est demeurée idéaliste abandonne l'Église. Le dernier espoir des nationalistes catholiques flamands repose en Votre Sainteté ».
A titre documentaire. Car Dieu nous garde d'oser croire un seul instant que notre vénéré Cardinal placerait les intérêts de la Religion en dessous de n'importe quels autres intérêts ! Du reste une prochaine citation ne laisse aucun doute à ce sujet.
(2) Certains ont été jusqu'à parler de « trahison aktiviste » ! Nous ignorons si cela en valait bien la peine (M. L e c o i n t e n'y attribue aucune importance). Mais ce qui apparaît clair comme le jour, c'est qu'un grand nombre de catholiques belges ont, sous l'influence du militarisme et du super-nationalisme, trahi leur sainte religion ! Avec J. C u v e l i e r (janvier 1921), nous reconnaissons que « les Allemands avaient recruté de nombreux adhérents dans la population flamande qui constitue la majorité dans les pays... L'expulsion de France des ordres religieux, au cours des dernières années, n'était pas faite pour gagner les sympathies de nos populations sincèrement religieuses et chaque parcelle d'amitié perdue par la République française constituait un gain net pour l'Empire allemand. »

Est-ce bien de dire cela ? N'eût-il pas mieux valu, comme opinent P. E. Janson et A. Devèze, ces « libres-penseurs », voiler la vérité ?!

Cessons de dire nous-mêmes que nous avons sauvé la France et le monde. Nous finirions par nous rendre ridicules et même un peu odieux.

6. II. 1921. L. Piérard.

Il n'y avait pas, pour les hommes de la Belgique occupée, d'obligation absolue de rejoindre l'armée... On se jeta dans les sports avec frénésie ... On voyait courir et se démener, rouges de santé, débordants de force, de superbes gaillards... Entourés d'un triple cordon de spectateurs qui se passionnent, les joueurs de balle, en chemise de couleur, courent, bondissent, légers, sveltes, robustes... Ah ! ces promenades de guerre, ces fuites vers la verdure, vers quelque chose de frais, de pur, de souriant (1).

I. 1920. G. Rency (1875/...).

Nous avons en Belgique un esprit... nationaliste vivace, dont l'éveil [après la guerre] est quelque peu tumultueux (2).

15. IV. 1920. P. Hymans.

------

(1) Et pendant ce temps, le canon tonnait, le sang coulait, les gaz asphyxiaient et empoisonnaient, les héros râlaient !... L'attitude d'une grande partie de la jeunesse belge pendant la guerre fut honteuse. Ce qu'il fallait, c'était « demander à la lecture, à l'étude, à la méditation, un dérivatif, un remède, un réconfort, une consolation » ; chercher à se perfectionner moralement et intellectuellement; et les mieux doués devaient préparer une rénovation intellectuelle à notre pauvre Belgique.

(2) Depuis l'armistice, le Belge a eu comme souci principal « d'épurer le pays », c'est-à-dire de le débarrasser des Allemands... Ce chauvinisme a été poussé tellement loin, que tout jugement, tout bon sens s'en trouvent oblitérés. A la suite de cette « épuration », l'ignoble statue Ferrer a été réédifiée avec l'approbation unanime des édiles « catholiques » (!?) de la charmante ville de Bruxelles. Or l'enlèvement de cette statue est certainement, parmi les choses exécutées par les Allemands, une de celles qui sont à l'abri de tout reproche d'une conscience parfaitement honnête et droite !

Est-ce avoir le souci d'une vraie « épuration » que de laisser inonder la Belgique de toute la littérature d'une perversité extrême, de la profusion des journaux et de livres d'une insolente et révoltante obscénité, que nous envoient nos chers et généreux amis français ? Est-ce épurer le pays que de laisser complaisamment des théâtres et des cinéma déverser quotidiennement l'immoralité et le vice dans des centaines de milliers d'âmes innocentes, même si ce poison est français ?·

Que sont nos villes ravagées, nos usines pillées, nos biens volés, nos frères tués, à côté du peuple poussé à l'athéisme, du vice triomphant, des enfants pervertis ?   XI. 1918. R. P. Lintelo, S. J. (.../1919).

La mentalité excessivement chauvine qui sévit à l'égard des Allemands a eu comme corollaire (nous l'avons écrit en 1919) un déconcertant esprit de concession en faveur de tout ce qui n'est pas germanique, et qui fait fermer les yeux sur les faiblesses coupables, sur les méfaits individuels et collectifs, sur les injustices les plus criantes. Depuis la guerre, le mot d'ordre des pouvoirs publics belges semble être : « tout laisser faire et laisser passer ». Aussi l'ordure s'étale-t-elle sans vergogne. La notion de moralité a disparu ou plutôt elle s'est dépravée. L'individu le plus dissolu, le plus dégoûtant est, même par des ministres, jugé « moral » ou « héroïque » dès qu'il porte des épaulettes, qu'il est chauvin et qu'il cultive la haine des Austro-Allemands, y compris les enfants à la lamelle ! « Manque de moralité » l'ascète qui a une « haine insuffisante du Boche ». Morale neutre ou civique ! Beaucoup de professeurs d'Université, nous allions·

La Belgique souffre encore toujours de la psychose de guerre... La Belgique caresse des plans impérialistes (1).

III. 1921. *Het Volk* (Amsterdam), journal nettement ententophile.

Depuis la guerre, en Belgique, on constate annexionisme (2), impérialisme, attitude fanfaronne (3) et orgueilleuse.   X.

Les Belges pensent en bande !   Ch. Baudelaire (1821/67).

En Belgique, en l'an de grâce 1921, peut-on, sans s'exposer à mourir de faim, user du droit de ne pas penser comme le voisin ?

26. I. 1921. P. Tschoffen.

Est-ce que notre proverbial bon sens, notre amour du « middelmaat », s'il a quelque valeur conservatrice, n'est pas souvent aussi une forme de pusillanimité ?... La crainte de la responsabilité est un grand mal de la Belgique comme de la France.   1920. A. Carnoy (1878/...).

Quand donc cesserons-nous [Belges] d'être à la queue de l'Europe en toutes matières ?   10. XII. 1920. L. Bertrand (1856/...).

Un des symptômes les moins équivoques de l'abrutissement et de la corruption d'un peuple est l'indifférence publique sur les productions pensantes.   Weiss (1827/91).

C'est dans les tournois de l'Esprit que les petits peuples doivent briller (4).   16. XII. 1920. P. Nolf.

La Belgique n'a guère compté jusqu'ici dans l'Europe intellectuelle... Elle ignore le respect de l'intelligence.

1911. L. Dumont–Wilden (1875/...).

Les physiciens hollandais raflent les prix N o b e l ; aucun physicien

------

dire la majorité, plus précisément presque tous les francs-maçons et assez bien de catholiques, ont subi cette affligeante déformation. Nous pourrions citer, avec la plus grande précision et en abondance, des noms et des faits singulièrement suggestifs. N'insistons pas ici. On consultera nos ouvrages sur *Le chauvinisme* et sur *La Science et l'Enseignement supérieur en Belgique*.

(1) La Belgique est entrée en guerre pour défendre son indépendance. Dans ces conditions, on ne peut pas s'attendre que cette même Belgique touche à la Hollande.   15. III. 1921. Polak.

(2) La Belgique craint vivement une nouvelle attaque de l'Allemagne. (Il suffit de lire un numéro quelconque d'un journal belge, depuis un an et demi, pour s'en convaincre). Mais pourquoi donc avoir pris Eupen et Malmédy ? Ce geste inélégant et brutal est bien de nature à provoquer l'esprit de revanche. Il servira à la propagande allemande et il tiendra en éveil jeunes et vieux contre le traité de paix. Ce sont les chauvins maladifs, atteints d'hyperesthésie nationaliste, qui sont responsables de cet acte mesquin. Ce sont ces individus irréfléchis, atteint d'une fièvre obsidionale comme on n'en a jamais vu, qui sont les plus dangereux pour la nation, à laquelle ils ont causé déjà énormément de tort. Et ces égoïstes, qui appartiennent presque exclusivement à ce qu'en Belgique on appelle le parti « libéral », restent impassibles devant les crimes barbares, commis avec un cynisme inouï, par l'Angleterre contre l'Irlande martyre !

(3) « Cessons de dire nous-mêmes que nous avons sauvé la France et le monde. Nous finirions par nous rendre ridicules et même un peu odieux ». M. P. N o t h o m b, lui, trouve que notre humilité est excessive et ridicule !

(4) Nous avions écrit à peu près la même chose en 1918 et cela n'a pas plu aux brutes militaires et à leurs admirateurs, qui ne comprennent que le son du canon !

belge, aucun chimiste belge n'en a remporté ; où sont nos savants, où sont nos L o r e n t z et nos O n n e s ? (1)   25. IV. 1920. L. Counson.

... Le pays [la Belgique] sentira [un jour] la forte nécessité, s'il veut rester digne de lui-même, de sortir des ornières où notre enseignement à tous les degrés s'embourbe à l'excès... On pourrait peut-être... s'appliquer à faire qu'ici, comme ailleurs, le travailleur de la pensée soit mieux honoré et traité qu'il ne l'est pour l'heure !

8. III. 1921. P. E. Janson (2).

Les Pouvoirs publics ont envers les savants le devoir impérieux de les honorer (3), de leur rendre la vie attrayante, ce qui est indispensable à l'épanouissement de leur talent et au plein succès de leurs travaux, dont bénéficiera l'ensemble de la Nation. Les soucis matériels de la vie privée doivent leur être épargnés. On ne peut admettre, même en temps de guerre, qu'ils meurent littéralement de faim, eux et leur famille. L'État belge ne comprend absolument rien à ce devoir, pas plus que le public, essentiellement badaud et éperdûment épris de courses hippiques, de séances de boxe et de revues militaires ! En Belgique (à peu près comme en France), l'existence du savant s'écoule modeste et timide, au milieu de l'indifférence générale. On dirait même qu'on y fait tout ce qu'on peut pour que les vocations vraiment scientifiques, les forces d'invention, soient gaspillées ou perdues pour la collectivité ! On entrave avec un soin touchant les carrières de recherches. On décore les savants — les savants officiels s'entend, car il ne peut être question des autres ! — par ordre d'ancienneté et en raison inverse du mérite !

Les savants *isolés*, sans attache avec les Services publics et qui ont le courage de se livrer à la recherche originale dans leur cabinet et leur laboratoire personnels, en dilettantes, simplement par amour de la Science et du Bien Public, produisent parfois des travaux très considérables et d'une grande valeur. Ces apôtres sont d'autant plus dignes d'es-

---

(1) On en a fait du tam-tam autour de l'attribution du prix N o b e l au médecin-politicien B o r d e t ! C'est que le phénomène est rarissime en Belgique. Pendant la guerre, que de sarcasmes (non fondés !) à l'adresse du jury d'attribution de ce prix international !..

(2) Si M. P.-E. J a n s o n consulte nos rubriques sur le militarisme, bien qu'il ait été ministre de la guerre, il ne pourra pas ne pas reconnaître qu'il n'est guère possible d'honorer à la fois les militaires et les travailleurs de la Pensée. Il y a contradiction. Cela résulte nettement des déclarations de G. L e B o n, P. L a r r o q u e, Mme d e S t a ë l, C h a t e a u - b r i a n d, H a n o t a u x, Et. L a m y. F r é d é r i c II, P l a t o n, C h. R i c h e t, de V i g n y, V. d ' I n d y, F r. B a c o n, J.-B. B i o t, P r o o s t, etc. C'est précisément parce qu'on a tant révéré les militaires depuis quelques années (malgré qu'ils aient fait vingt millions de victimes !) que les penseurs sont abandonnés. Ils le sont surtout en Belgique ! Car c'est principalement dans notre pays que la guerre a laissé la pensée sans prestige, si l'on peut dire, sans une exagération qui fera sourire tout étranger, que la pensée en ait jamais eu en Belgique !

(3) On objectera peut-être que le savant digne de ce nom a une vie intérieure suffisamment intense pour que l'opinion d'autrui le laisse indifférent, comme c'était le cas, par exemple, pour N e w t o n. C'est vrai ; mais l'entourage du savant, sa famille, ne peuvent tout de même accepter que son talent soit et reste indéfiniment méconnu !

5

time et d'admiration qu'ils sont plus rares. S'ils mettent à la poursuite
de la vérité inconnue un enthousiasme, une ardeur, un acharnement qui
minent leur santé ; si, indifférents aux soucis de la vie matérielle, ils
souffrent héroïquement toutes les privations et toutes les misères; s'ils
vont contre vent et marées, indomptables aussi par toutes les puissances
humaines, ayant toujours pour objectif unique, non' pas la gloire (si elle
doit venir, elle viendra bien toute seule), non pas la fortune, qui est mé-
prisable, mais seulement leur idéal personnel : la beauté scientifique... ;
alors, en Belgique, ces pionniers du progrès sont sûrs d'être haïs, mal-
menés, vilipendés, minés, torturés (1). Et ces hommes rares, qui ont le
pressentiment des vérités nouvelles, sont arrachés à leur mission supérieure !

Car nous sommes une nation de politiculards et d'épicuriens, qui,
surtout depuis la guerre, n'ont que faire de recherches scientifiques, et,
pour dire la chose dans son horrible vérité, nous sommes (il y a des exceptions, naturellement !) une splendide collection de parfaits abrutis, de
barbares qui ont dans le sang des instincts de la bête et qui ne comprennent guère qu'une chose : le service du ventre ! Les marchands de cochons,
qui, ayant gagné des millions pendant la guerre en affamant leurs
compatriotes, peuvent étaler des richesses insolentes... ceux-là attireront
toutes les sympathies, la considération et le respect du public si, patriotards hypocrites, ils affichent à tout propos le rouge, le jaune et le noir !
Chapeau bas devant la fripouille aux couleurs nationales, même si elle
est pourrie de débauche !   **L.**

[Belges] honorez les travailleurs de la pensée, les écrivains, les artistes...
Nous avons trop, au dehors, la réputation d'être un petit pays aux idées
mesquines, aux horizons étroits !   **27. I. 1921. Card. Mercier.**

Malheur aux nations qui sont réfractaires aux progrès scientifiques !
                                                        1920. Ch. Moureu.

Pourquoi notre enseignement supérieur est-il si misérable ? (2)
                                                    25. IV. 1920. L. Counson.

---

(1) Les persécutions, les injustices, le mépris des Cours, l'indifférence
du peuple..., l'indigence, l'exil..., voilà ce que je vous annonce. Faut-il
que pour cela vous renonciez à éclairer les hommes ? Non, sans doute...
Que sont tous vos ennemis auprès de la vérité ? Elle est éternelle, et
le reste passe... Ne voyez-vous point le rapport qui est entre Dieu et
votre âme ? Prenez devant lui cette assurance qui sied si bien à un ami
de la vérité. Quoi ! Dieu vous voit, vous entend, vous approuve, et vous
seriez malheureux !... Voyez la postérité qui s'avance et qui [vous] dit :
« ...Attends et tu vas vivre, et tu pardonneras à ton siècle ses injustices,
aux oppresseurs leur cruauté, à la nature de t'avoir choisi pour instruire
et pour éclairer les hommes ».   **A. L. Thomas (1735/85).**

(2) Nous répondrons en détail à cette dernière question dans notre
ouvrage sur *La Science et l'Enseignement supérieur en Belgique*. Mais
ici-même nous désirons aller au devant d'une objection que des anti-
catholiques ne manqueraient pas de faire : « Ce sont les cléricaux qui,
ayant, avant la guerre, gouverné pendant 32 ans, sont, en grande partie,
responsables du triste état de la Belgique au point de vue scientifique ».
Il y a mille arguments pour réfuter cette thèse. En voici trois : a) L'Eglise,
(G u i z o t, quoique protestant, l'a reconnu !) a toujours fait son possible
pour promouvoir la Science dans la plus grande mesure ; b) c'est surtout depuis l'armistice, c'est-à-dire depuis que les catholiques sont en
minorité gouvernementale, que le gâchis règne en Belgique dans tous les

Par suite de l'arbitraire des nominations [en Belgique], les jeunes gens hésitent aujourd'hui à aborder des carrières scientifiques.

6. VI. 1920. J. Massart (1865/...) (1).

Si le régime d'aujourd'hui se perpétue, la carrière de l'enseignement sera désertée [en Belgique].　　　　　　　8. III. 1921. P. E. Janson.

---

domaines ; *c*) l'Université catholique de Louvain est encore, dans l'ensemble, très supérieure à l'Université maçonnique de Bruxelles.

Si l'enseignement de toutes nos Universités est si misérable, surtout depuis l'armistice, cela tient, en grande partie, à la manière dont se recrute le corps professoral : nous y reviendrons un peu plus loin.

Nos universités sont donc dans un état lamentable. Mais que dire de l'enseignement secondaire ! Là, c'est la débâcle ! La pénurie des professeurs est telle que l'on doit confier de nombreuses chaires à de non-diplômés; des retraités depuis plus de dix ans sont sollicités de reprendre leurs cours ! Voilà le gâchis où a conduit le geste barbare de la fermeture des Universités pendant la guerre ! Belges, la haine vous a aveuglés ! Nous avions prévu le résultat, nous l'avons écrit, et le chauvinisme imbécile nous en a voulu ! Pourquoi n'a-t-on pas fait comme à Lille, ville située aussi en territoire occupé ? Son Université de l'Etat eut, en 1915, 70 élèves; en 1916, 260; en 1917, 850. Nos autorités, généralement têtues et de mauvaise foi, reconnaîtront-elles leur erreur ?

(1) Antérieurement, le 8 novembre 1919, le grand et sympathique botaniste avait fait, à l'Académie royale de Belgique, une première communication « sur quelques-unes des dernières nominations scientifiques en Belgique ». Il ne parla que de quelques cas, omettant les plus scandaleux. L'intention de M. M a s s a r t était excellente et très louable; hélas ! elle ne servira à rien : elle n'empêchera pas la Classe des Sciences de ladite Académie de provoquer le gouvernement « union-sacriste » (!) à faire des nominations iniques et qui devraient faire sauter les pavés ! — C'est surtout depuis la guerre qu'elles se font en dépit du bon sens et de toute justice, non seulement dans les Universités de l'Etat, mais aussi dans les universités « libres ». Inspirées par un fanatisme chauvin et par les considérations les plus mesquines, elles crient vengeance au Ciel ! Alors que les compétences ne sont pas introuvables, on bombarde professeurs de doctorat des candidats qui n'ont pas écrit une panse d'*a* et qui doivent, de par leurs fonctions, juger les thèses originales de leurs élèves ! Les cancres sont choyés parce qu'ils ne sont pas gênants ! Quelle honte ! Comment voudrait-on que l'étranger nous respectât dans ces conditions ?

Veut-on un exemple illustrant la manière dont se préparent ces nominations iniques ? Invités par un ministre des *Sciences* et des Arts à donner leur avis sur la valeur *scientifique* d'un candidat à une chaire universitaire *scientifique* (mathématique), un Corps *savant* (!?), composé en grande partie de pantins élus par camaraderie, et les Facultés des *sciences* de deux universités ont, par leurs majorités maçonniques, répondu à peu près en ces termes : « Nous refusons de discuter la valeur *scientifique* du candidat et... [nous plaçant sur le terrain exclusivement politique] nous donnons un avis défavorable ». Le motif est d'abord qu'il y a en général, chez les professeurs d'université, une tendance à choisir leur inférieur et qu'ils craignent ceux qui possèdent plus de diplômes qu'eux ! ! ! ; c'est ensuite que le candidat en question est catholique « papiste et presque ultramontain », que sa résistance contre le vrai ennemi n'a jamais faibli et qu'il n'a par conséquent jamais consenti à enseigner, sous n'importe quelles conditions, dans certaine Université grossièrement matérialiste; c'est enfin qu'il estime que les principes du Christianisme doivent être appliqués non seulement entre compatriotes, mais aussi entre étrangers, et que les hommes de science se déshonorent lorsqu'ils donnent dans le caporalisme.

Que fit le ministre ? Esclave politique de son intérêt personnel, il choisit

Les Etats sont bien malades lorsque la récompense du mérite est devenue le prix de l'intrigue (1).   Antisthène (—424/—352).

Adoptant la théorie du « chiffon de papier » et revenant sur sa décision unanime de publier notre Mémoire sur le calcul des variations, qu'elle couronna en 1912, la Classe des Sciences de l'Académie royale de Belgique

---

l'injustice (la possession du pouvoir peut corrompre la raison ou obscurcir l'honnêteté !) et il suivit bien docilement les hurleurs, les cancres qui osent prétendre placer la Science plus haut que la Religion, alors que, surmilitaristes, ils mettent, en réalité, au-dessus de tout, l'esprit de chicane internationale (qui n'est ni scientifique ni religieux).

Une Académie et un ministre qui se comportent ainsi sont disqualifiés.

Voici un jugement porté sur le candidat par un illustre mathématicien belge, qui est aussi l'homme le plus méticuleux, le plus intègre et le plus consciencieux du monde :

Louvain, le 7 janvier 1920.

« Cher Monsieur,

» Vous m'avez demandé mon opinion sur vos travaux mathématiques. Je vous la donnerai très volontiers.

» Je pense que l'ensemble de vos publications sur le calcul des variations constituent la documentation la plus considérable qui ait été réunie jusqu'ici sur cette question. Cette œuvre témoigne d'un labeur extrêmement méritoire et fait honneur au sens critique de son auteur.

» Je pense ensuite que vos recherches sur la théorie des déterminants sont la preuve d'aptitudes mathématiques très exceptionnelles et d'une véritable originalité.

» Je pense enfin que, parmi tous les mathématiciens belges qui ne sont pas encore attachés à l'enseignement supérieur, aucun ne peut faire valoir de titres scientifiques comparables aux vôtres.

» Veuillez agréer, cher monsieur, l'assurance de mes sentiments dévoués ».   (Signé) G. de la Vallée Poussin.

De janvier 1920, datent encore des lettres très analogues, adressées au même candidat par d'autres savants mathématiciens belges et par des membres de l'Institut de France. Il y a aussi des physico-chimistes de grand renom qui ont conclu à peu près comme la lettre ci-dessus, mais pour la chimie physique.

Or, depuis cette époque (janvier 1920), les Universités belges ont fait, dans le domaine des sciences mathématiques et chimiques, beaucoup de nominations qui, bien des personnalités compétentes l'ont dit, sont des monstruosités d'injustice ! Pendant la période d'abrutissement chauvin d'après-guerre, c'est bien de recommandations scientifiques qu'il peut être question dans l'esprit des autorités belges ! Mais les plus infamantes campagnes de calomnies faites dans l'ombre, ont de l'effet !

Le résultat, c'est que des savants doivent aller demander justice à l'étranger et qu'ainsi la Belgique s'anémie intellectuellement.

On ne sert nulle part mieux l'Humanité que dans son pays.

16. XII. 1920. P. Nolf.

Possible, mais il faut que le pays fasse à ses enfants la vie tenable !

(1) Voici deux autres citations qu'on peut y rattacher et qui s'appliquent admirablement à la Belgique actuelle, à cause de l'influence néfaste de la politique, qui s'introduit là où elle devrait rester étrangère :

Rien n'est plus commun aujourd'hui que de prétendre aux premières places sans y apporter d'autre mérite qu'une aveugle estime de soi-même; et cet abus cause le malheur des Etats...   Platon (—429/—348).

La plupart de ceux dont les connaissances ont élevé l'âme et qui deviennent capables des emplois les plus éminents, se voyant obligés, pour les obtenir, de faire la cour à des hommes médiocres et trop bornés pour apprécier leur mérite, prennent le parti de la retraite... et s'estiment heureux de n'avoir à répondre qu'à eux-mêmes de leurs études et de leurs réflexions.   Louis XVI (1754/93).

change d'avis en 1920, *pour des raisons extrascientifiques* (1). Après avoir attendu 8 ans, l'Académie, plus pauvre que jamais, désespère de trouver un jour de quoi faire imprimer un travail scientifique ! Il faut épargner, afin qu'on ait beaucoup d'argent le jour où il s'agira d'aller faire tuer les hommes ! Que disons-nous ! Point n'est besoin d'aller chercher si loin ! Les services cinématographique et photographique de la défense nationale, qui servent à fournir des clichés au « *Bulletin de l'armée* », figurent chaque année pour plus d'un demi-million au budget de l'État. En 1919, ce service est allé cinématographier... le goûter matrimonial d'Ecaussines ! Voilà à quoi doit servir le budget de la « défense nationale » et l'on comprend ainsi qu'il ne reste plus d'argent pour l'impression des travaux scientifiques (2). Mais revenons à l'Académie, car il faut rendre à C é s a r ce qui appartient à C é s a r et à l'Académie cette justice : elle ne lésine pas toujours. Ainsi, par exemple, un long mémoire de M. S t e i c h e n , archifaux d'un bout à l'autre, ne contenant que des erreurs et rien, absolument rien de bon, écrit qui serait une honte déjà pour un jeune étudiant, fut publié *in-extenso* et sans délai !!! Le sujet est le même que celui de notre mémoire couronné, mais la nullité du travail de S t e i c h e n et son insertion s'expliquent toutes deux : cet effrayant génie professait à l'Ecole militaire et il était membre de l'Académie royale de Belgique (3).   L.

La Belgique se confine dans un idéal de bonheur matériel qui manque d'élévation et de noblesse... [Il y a chez le Belge] oblitération de la notion du devoir... L'immoralisme et le matérialisme, voilà le danger belge...
                    1911. L. Dumont Wilden (1875/...).

[En Belgique, avant la guerre] : alcoolisme, abus du plaisir, danses, théâtres, cinémas... Votre héroïsme et vos souffrances [Belges] ont racheté vos fautes.   11.II.1919. Card. Mercier (1851/...).

Nous étions [avant la guerre] livrés au tourbillon des plaisirs et des

---

(1) « A la demande de la Commission administrative, la Classe [des Sciences] décide que les Mémoires couronnés de M. L e c a t ne seront pas imprimés aux frais de l'Académie ». C'est ce qu'on lit dans le *Bull. Cl. sc. Acad. R. Belg.* 1920, fasc. 4-5 (séance du 1. V. 1920), p. 192.

(2) H. C a r t o n d e W i a r t (1869/...) espère (18. XII. 1920) que « dans la Belgique de demain... l'esprit et la science auront la place qui leur revient : la première ». Il faudra encore du temps pour en arriver là, car la mentalité devra se transformer complètement.

(3) Nous serions désolé si le lecteur voyait dans ces lignes et dans d'autres du même opuscule la moindre critique à l'adresse *de chacun des membres* de l'Académie. Il y a dans son sein des personnalités qui méritent la plus haute considération, qui sont dignes d'un profond respect, nous dirions presque de vénération, et il serait faux de croire que tous soient des chauvins ! Plusieurs n'ont pas craint les foudres des hypernationalistes, en publiant des travaux sous l'occupation allemande. Cette condition n'est toutefois ni nécessaire ni suffisante pour trancher d'une manière tout à fait décisive la question de chauvinisme. Ainsi, un Correspondant a livré à la publicité, en 1916, un petit manuel de sciences naturelles à l'usage des Écoles... Or cet ouvrage ne contient absolument rien de neuf et cet académicien, qui n'a pas été effrayé par la censure allemande, ne pouvait donc alléguer l'excuse du désir de s'assurer la priorité de découvertes (qui eût été, à nos yeux, un cas de force majeure).

affaires : médiocres plaisirs, affaires qui dessèchent le cœur... Nous voulions jouir, nous demandions aux biens matériels le secret du bonheur... Les Belges [après la guerre], instruits et ennoblis par la souffrance, en s'agenouillant sur la tombe de leurs héros, écoutent la voix des morts dicter à ceux qui vivent le culte sacré du Devoir.

I. 1920. G. Rency (1875/...).

Hélas ! c'est tout à fait inexact ! L'effet du cataclysme de 1914-18 est désastreux. Les Belges, en bloc (il y a de très heureuses exceptions, naturellement), sont encore bien plus cupides qu'avant la guerre et la soif des plaisirs bêtes et immondes est plus intense que jamais. La vérité, c'est que la Belgique (surtout la population d'expression française) s'est complètement paganisée sous l'influence prolongée du militarisme (1).

Ce n'est pas en dansant nuit et jour qu'on écoute la voix des morts ! Et que faut-il penser de ces danses ? Dans nos grands centres urbains, en Belgique, surtout à Bruxelles (seconde Ville-Lumière), les danses ne valent guère mieux que celles des Néo-Calédoniennes (2). La hardiesse de la mimique et des gestes dans le tango heurtent les plus élémentaires convenances et choquent vivement la pudeur. A Buenos-Ayres, d'où il est originaire, le tango est demeuré le divertissement de la populace des mauvais lieux ; en Belgique pas : le tango et d'autres danses encore plus lascives s'exécutent partout dans la « bonne société ». Nous pourrions citer, comme exemple, le Bal de la Monnaie... Mais il y a mieux. Même à la Cour de Belgique — il est avec la Cour des accommodements (3) ! — ce sont les danses nouvelles et sauvages que l'on exécute de préférence. Il en fut ainsi, nous dit-on, au Bal de janvier 1921 (4). Pour faire passer la

---

(1) Si la Belgique n'était pas entrée en guerre, tous les belliqueux patriotards, en présence d'un relâchement de mœurs beaucoup moins évident que celui dont nous sommes aujourd'hui les spectateurs attristés, l'eussent, sans aucun doute, attribué à l'état de paix ! La guerre purifie !?

(2) Chez tous les peuples, même les plus vraiment civilisés, la danse d'amour, où les femmes se mêlent, est faite pour charmer et exciter les sens ; elle devient donc aisément indécente. Aussi les théologiens catholiques s'accordent-ils à considérer toute danse dans laquelle les deux sexes sont en action, comme une pratique incompatible avec la pudeur et les sérénités de la chasteté. Mais c'est bien des théologiens qu'on s'inquiète, maintenant que l'irréligion s'allie au snobisme ! Certaines danses sont un spectacle des plus provoquants, notamment celles des Néo-Calédoniennes, qui consistent uniquement en quelques mouvements obscènes.

(3) Voir notre recueil de *Pensées*, Bruxelles, 1919, à l'article *Cour et Courtisans*, p. 148/9.

(4) Y assistaient les ambassadeurs, y compris le ministre d'Allemagne à Bruxelles ! La guerre a fait plus de quinze millions de victimes...

...Et cela pour des altesses
Qui, vous à peine enterrés,
Se feront des politesses,
Pendant que vous pourrirez.

1865. V. Hugo (1802/85).

Oui, on se complait aux vaniteuses, stériles et frivoles « politesses » entre ambassadeurs ! Mais on interdit, d'une manière draconienne, aux hommes de science honnêtes, qui, en extase devant la magnificence de l'Univers, se sentent tous compatriotes, on leur interdit de communier dans le domaine sacré de la pure Pensée !

pillule, des journaux soutiennent qu'on « dansa avec la mesure et la distinction qui s'imposent à une aussi bonne maison ». Donc, les danses modernes, dont nous avons dit ce qu'elles valent, reçoivent en Belgique une consécration officielle ! Un de nos amis nous signale que « c'est encore une nouvelle et formidable leçon d'indécence que viennent de recevoir les Belges, qui en avaient besoin pour parfaire leur éducation » ! Après cela il n'est pas trop étonnant que la « *bonne* société » (!?) exécute, le vendredi saint, au Kursaal d'Ostende, lieu réputé « comme il faut », les danses dont nous avons parlé. Morale païenne !

A Bruxelles, en 1921, on rétablit le Carnaval (1), ces honteuses saturnales, folies d'un caractère répugnant, crapuleux et immoral, fêtes du

---

(1) Est-ce donc étonnant de la part d'une administration communale dont un chauvinisme malsain et faisandé a obnubilé l'entendement jusqu'au point de lui faire voter à l'unanimité la réédification de la statue F e r r e r ?! Catholiques et même socialistes se sont toujours montrés hostiles aux saturnales. Cette fois-ci, les socialistes, il faut leur rendre justice, ont protesté énergiquement contre l'incroyable mesure. Le libéralisme belge est un parti de bourgeois voltairiens, qui n'ont aucune notion de la morale et qui, la plupart, vivent comme des porcs (ce qui, hélas ! n'empêche pas certains catholiques — égarés par les passions chauvines — de s'acoquiner avec ces individus-là). Récemment, un journal « libéral » belge, la *Gazette*, établissait un parallèle entre la polygamie des Congolais et le mariage chrétien, parallèle qui avait le cynisme de faire la part belle aux mœurs des sauvages ! Les libéraux qui, dans une ville pourrie comme Bruxelles, ne peuvent manquer d'être nombreux, sont partisans de la liberté jusqu'à la licence la plus effrénée et... ils vont jusqu'à ériger la débauche en une institution ! Bourgmestre de Bruxelles, M. M a x qui héberge dans sa cervelle des réserves inépuisables de patriotardisme électoral et carnavalesque, s'est couvert d'opprobre ainsi que les maïeurs libéraux de toute l'agglomération, qui ont pris la mesure du rétablissement des saturnales : ils ont avili la malheureuse Belgique. Qu'ils soient, pour leur gaffe offensante, marqués du sceau de l'ignominie ! Mais le diable prétendra toujours se justifier : « J'ai pensé, dit M. M a x (31. I. 1921), que nous pouvions rétablir le Carnaval pour sauvegarder les intérêts du commerce » (sic !!!). Beauté de la morale « neutre » et « civique » d'un libéral, chef de la Police ! Profondeur de pensée d'un « librepenseur » ! Est-il fort intéressant le commerce que font « marcher » les noceurs du Carnaval ? Est-ce parce qu'on dépensera 500.000 frs de vins de France que les chômeurs belges auront du travail ? D'un côté, on dit · « Belges, amusez-vous, vautrez-vous dans la fange si vous le voulez, mais dépensez sans compter pour faire marcher le commerce » ; d'un autre côté, on dit : « en vue de restaurer nos ruines et de nous relever économiquement, produisez beaucoup, consommez peu, épargnez, ne dépensez pas » ! Logique belge ! Mais « pourquoi se fait-on des consciences erronées, sinon parce qu'on a, en ce bas monde, des intérêts à sauver » ? M. M a x et ses acolytes auront songé aux élections communales ! Est-ce honorable ? Ces maïeurs, bien que portant la responsabilité morale de l'inconduite de milliers de gens et de toutes les misères qu'elle engendre, sont en liberté et l'on est fier de les saluer ! (Même, M. M a x, qui est le plus grand coupable, se croit encore digne d'accepter le Grand Cordon de l'ordre du British Empire !!!). Mais les idéalistes qui, en 1917-18, ont prêché la paix comme S. S. B e n o î t XV, ceux-là sont en prison pour toute leur vie ! Morale neutre et civique !

Au moment de la correction des épreuves, un ordre du jour nous parvient, dont nous croyons intéressant de reproduire cet extrait :

Bravo, Messieurs les conseillers communaux ! Votre expérience d'auto-

diable, comme le dit très bien O x e n s t i e r n. Et la Direction de la Monnaie (à Bruxelles), en a profité pour donner trois bals masqués, à l'usage des gens « comme il faut » (!?), qui semblent croire (c'est bien franc-maçon), qu'on peut faire le mal quand on n'est pas reconnu. Il fallait bien cela encore ! Les scènes de folie indécentes et les ignobles orgies des Bals de la Monnaie recommencent donc, mais plus dégoûtantes que jamais, et les anciens et nouveaux riches y fraternisent, alors que des milliers de familles portent encore le deuil de leurs fils victimes du militarisme, que des milliers de mères, de veuves et d'orphelins pleurent encore, et que la masse de la population craint d'avoir faim à cause de la crise du chômage ! Morale païenne !

Avant la guerre, la Belgique répugnait à certaines passions spéciales. Actuellement, le cocaïnisme et le morphinisme sévissent ignoblement à Bruxelles, et font énormément de victimes (1). Le monde des théâtreux, des fêtards, des habitués des restaurants de nuit et de tous ceux qui puent la « libre-pensée » ou la franc-maçonnerie, est, naturellement, le plus atteint ; mais, hélas ! les milieux réputés bons et qui font profession d'idéalisme philosophique ou religieux, commencent aussi à se gangrener et la classe ouvrière n'est pas indemne, tant s'en faut ! Morale païenne !

En Belgique, il y a, actuellement, comme en France, un syphilitique sur 7 habitants, malgré P a s t e u r, B o r d e t et B a y e t ! Pendant les années de guerre, le nombre des Belges enlevés par cette maladie honteuse et répugnante fut encore plus considérable que celui des soldats tombés dans les tranchées ; la guerre finie, la syphilis accélère encore ses ravages (2). Morale païenne !

---

riser des journées officielles de folie, d'orgie et de libre-débauche a pleinement réussi. Grâce à vous les saturnales carnavalesques ont pu se dérouler avec tout le déploiement nécessaire de grossièreté et de licence. Nous avons enfin pu entendre à nouveau sur nos boulevards hurler des chants obscènes et, mêlés à la foule, nous livrer sans retenue sous le couvert du masque aux plus réjouissantes malpropretés. Les débauchés, ivrognes, zeeps et voyous se sont bien amusés. Quelques centaines de jeunes gens et de jeunes filles de plus sont initiés au vice, et nous allons avoir sous peu un estimable renfort pour les hôpitaux et les prisons... Bientôt les faiseuses d'anges verront croître la prospérité de leur industrie... Au nom des vieux parents, des veuves et de nos 40.000 martyrs, merci, Messieurs, cordialement merci. *Confédération des Combattants catholiques.*

(1) Les fournisseurs des produits diaboliques sont... des militaires, rustres soldats ou officiers snobs, corsetés et monoclés. Nous l'avons dit cent fois et nous le répèterons encore souvent (car les préjugés ont la vie dure en Belgique) : le militarisme n'entend absolument rien ni à la morale ni à la simple honnêteté.

(2) La cause principale de l'extension effrayante de la syphilis en Belgique réside dans l'enseignement païen que donnent, à une nombreuse et bouillante jeunesse, certaines universités anti-religieuses et franc-maçonnes. Une éducation athée, qui (avec L e D a n t e c) nie la morale ou préconise la morale « indépendante » (!), doit forcément corrompre les mœurs. Malheur au pays qui subit, dans la capitale, le fléau d'un tel enseignement ! Malheur surtout si la jeunesse catholique est amenée, par la faute des dirigeants et sous l'influence dépravatrice du militarisme, à se contaminer par la fraternisation (notamment dans une *Union nationale des étudiants* !) avec de jeunes gredins sans foi ni loi et qui n'acceptent

Aucun autre peuple réputé chrétien ne s'est jamais livré si ouvertement, si ostensiblement au vice, que la Belgique !

« Comment ! Vous désapprouvez les danses lascives, vous n'êtes ni alcoolique, ni cocaïnomane, ni morphinomane ; vous n'êtes pas pourri de syphilis et de débauche ? Alors vous êtes un antipathique collet-monté, un arriéré ; vous devez avoir subi l'influence néfaste de la lèpre monacale ! Voyons, il faut suivre le courant du progrès, il faut être de son temps ! » Voilà ce que nous avons entendu soutenir très sérieusement par un monsieur qui occupe, en Belgique, une haute situation officielle !

Oui, nous le répétons, la Belgique, en exceptant une partie des Flandres, plus chrétienne et plus honnête (1), s'est honteusement paganisée. La Hollande l'a bien dit (2) ! Les Belges ont bu le vin mauvais de la Victoire !

O glorieuse Belgique, tu es bien malade ; la nuit descend sur toi. Nous assistons à un vrai suicide (3) !
L.

---

d'autre dieu que la licence la plus désinvolte ! L'Episcopat doit bien s'être aperçu du danger qui provient de la capitale. Deux années ont suffi à corrompre une grande partie de la population catholique. — « Union sacrée », éteignoir de tout idéal, accointance de catholiques avec la Loge, avec le diable !

Les grands malfaiteurs de notre société contemporaine, ce sont les libres-penseurs athées. IV. 1912. **Card. Mercier** (1851 /..).

Pour empêcher l'extension de l'horrible fléau moral et physique, certaines hautes autorités belges ne trouvent d'autre moyen préventif que d'engager les jeunes gens à s'adonner aux sports, surtout au foot-ball ! Quel idéal élevé ! Etudiants, vous répugnez à l'étude, qui devrait par définition, constituer votre passion et votre joie ? Eh bien ! alors nous disons : promenez-vous seuls et méditez ; c'est noble, c'est digne d'un homme et d'un chrétien ! Mais, depuis la guerre qui a déchaîné sur l'Occident un ouragan de paganisme, seriez-vous devenus incapables de toute fonction intellectuelle ?

Les milieux médicaux, qui ont, en général, subi la déformation professionnelle, ne voient d'autre remède, pour combattre l'épouvantable et honteuse maladie infectieuse, que la médecine ! Eh bien ! ils se trompent ! Car la science ne suffit pas ; ce qu'il faut c'est la religion et la morale chrétiennes. Pour M. B a y e t, « les moyens d'ordre moral portent mal, autant en emporte le vent ». Il combat donc la police des mœurs (!) ; il souhaite l'augmentation du nombre des prostituées officielles ! Or la capitale belge compte déjà 23.000 (vingt-trois mille) femmes exerçant le plus infâme métier ! « La syphilis, dit M. B a y e t, n'est pas une maladie honteuse ! » Non, c'est, sans doute, une maladie honorable ! Assurément, ce ne sont pas les idées païennes du professeur de l'Université maçonnique de Bruxelles qui empêcheront la Belgique de pourrir complètement ! On a beaucoup critiqué (et non sans quelque raison) la *Kultur;* elle a provoqué, Dieu sait, quelles moqueries. Que penser de la *syphilisation* ? Mais peut-être cherchera-t-on à expliquer la syphilisation du pays par l'intimité forcée, pendant 4 ans, des Belges avec les Prussiens ? Est-il donc à l'éloge des premiers s'ils ont trop profité des enseignements des seconds ?

(1) La Wallonie a perdu contact avec le guide surnaturel et la force divine qui indiquent la route à suivre... **R. P. Lemaire, S. J.**

(2) La Hollande n'est cependant pas tout à fait indemne non plus !

(3) On oublie trop, lorsqu'on parle de la grandeur et de la décadence des peuples, que les causes de ces grands événements sont purement morales. **Prévost-Paradol** (1829 /70).

Les nations tombent en décadence lorsqu'elles perdent leur moralité.
J. Ziegler (1837/ 1905).

Pauvre cœur humain, combien tu souffres aujourd'hui ! Après les soirées et les nuits d'orgie, quel dégoût profond s'empare de tout ton être ! C'est comme un commencement d'enfer...

II. 1921. S. G. Mgr Crooy, évêque de Tournay.

La Belgique marche à grands pas sur la trace de tous les pays qui abandonnent la religion, vers la stérilité consciente et sa redoutable conséquence, la dépopulation (1). XII. 1920. R. P. Lemaire, S. J.

... [En Belgique on laisse] placarder des affiches, devant lesquelles les singes les plus lubriques seraient gênés... Un théâtre de Bruxelles étale à sa porte un placard qu'une maison de prostitution n'oserait pas attacher à la poignée de sa porte entr'ouverte !... Les snobs et les intellectuels vont applaudir... les propos d'académiciens... qui sapent avec un art subtil les bases de la société, la famille, l'autorité et le reste. Le gros public se rue au théâtre de la rigolade... Plus le propos est salé... plus le déshabillé est complet, davantage il bave de plaisir... Notre culte béat, aveugle ou intéressé, pour certaines libertés, fait que nous sommes en pleine licence... Je parle de cette licence qui pourrit les nations et attire les barbares, comme les putréfactions attirent les vautours.

28. III. 1920. Fidelis (Van de Kerckhove).

Oui, si la Belgique ne se ressaisit pas, au point de vue moral, elle sera broyée par l'étranger et ce sera justice !

Actuellement (mars 1921), on peut impunément, en Belgique, se livrer à des excitations publiques à la débauche. Le vice s'étale cyniquement en pleine lumière, il se vante de ses turpitudes, il se glorifie de son abjection.

A chaque coin, à chaque pas des grandes villes, surtout de la capitale, les yeux sont empoisonnés par des affiches scandaleuses, des gravures cyniques, des images obscènes, des réclames malpropres.

Un théâtre bruxellois, qui exploite les plus misérables instincts de la foule, répand à profusion et surtout aux portes des écoles, une affiche annonçant des « danses lascives au second acte ». Elle contient une illustration que la Rome des derniers Césars n'aurait tolérée que dans ses lupanars ! Mais on ne peut encore imaginer quelle ordure !

Il y a, dans la capitale, plusieurs milliers de bouquineries dont l'étalage, fait de livres immondes avec titres et dessins suggestifs, est un crime perpétuel contre la moralité publique (2) ! On exhibe le nu pour le nu,

---

(1) La natalité est encore beaucoup moindre à Liége, à Gand et surtout à Bruxelles, qu'à Paris ! Et le Congo ? Depuis le début de l'occupation belge, la population indigène de la Colonie a diminué de moitié; elle fléchit chaque année de plus en plus, minée par la grippe, la tuberculose, la maladie du sommeil et par autre chose encore. Tandis que les missionnaires catholiques consacrent leur vie à évangéliser les noirs, les fonctionnaires blancs « libres-penseurs » leur enseignent le mal sous toutes ses formes !

(2) Il n'y a pas de mauvais livres (!?). Il n'y a pas de mauvais journaux (!?). 20. III. 1921. J. Destrée (1863 /...).

M. D e s t r é e ne craint pas de garnir les bibliothèques publiques (où la jeunesse a accès) de livres dont on a dit justement qu'ils « font pleurer les mères et travailler les juges » ! Joli ministre des Sciences et des Arts !

Pour bien compléter l'œuvre de démoralisation, un dignitaire de la Cour vient de décerner (mars 1921), au nom du Souverain, le titre de « fournisseur de la Cour » à une agence qui s'occupe spécialement de la vente de brochures immondes !

sans même que l'art serve — comme jadis — de prétexte. Les enfants se pressent aux vitrines, les yeux dilatés par la curiosité malsaine, et les petites filles sont obligées de subir les éclaboussures de la vague de boue sans cesse montante !

Pourquoi donc l'administration des Chemins de Fer et celle des Postes se font-elles complices des pornographes (1) ? Depuis l'armistice, on a prétendu se livrer, en Belgique, à une « épuration » ! Mais n'est-ce pas plutôt favoriser le dévergondage que l'on a fait ? La justice, qui devrait sévir avec la dernière rigueur, ne fait rien ! La guerre l'a ramollie ! Que doit-on en penser à l'étranger ? Quant au bourgmestre, président de l'Association libérale et membre de l'Académie royale de Belgique (!), l'homme de la morale « neutre et civique », le cynique promoteur de la reprise des bacchanales, il s'inquiète bien de tout cela, lui ! Les infâmes corrupteurs de l'enfance opèrent à leur aise ; mais des chrétiens pacifistes, qui ont prêché la paix, comme S. S. B e n o î t XV, en 1917, sont voués aux gémonies ; on les malmène, on les torture, et plusieurs d'entre eux sont emprisonnés pour toute leur vie ! Morale païenne !

Si l'œuvre de désagrégation et de perversion, que l'on constate actuellement en Belgique, continuait, nos descendants retourneraient à un état à peu près semblable à la barbarie primitive. Il n'y a pas de pays où l'on puisse mieux se rendre compte qu'en Belgique de la régression morale produite par la guerre, qui a confondu les notions de justice et d'injustice, d'honnêteté et de malhonnêteté. La Société belge s'éloigne de plus en plus de Dieu et proscrit la morale qui procède de lui; notre pays devient une pépinière d'apaches, de profiteurs et de jouisseurs.

D'autre part, l'amour de l'argent s'étale, en Belgique, avec un cynisme insolent et se pratique par les moins avouables moyens. Les transactions commerciales se caractérisent pour beaucoup par le mépris le plus évident de la plus élémentaire loyauté. Des honnêtes gens eux-mêmes subissent le prestige de la fortune. La famille belge est dévastée. Des crimes s'y commettent avec une effrayante sérénité. L'autorité du père n'existe plus. La mère n'a plus ce rayonnement qui provoquait le respect. La famille est émancipée de toutes les « humiliantes servitudes » que lui imposait le catholicisme ! Mais c'est dans la jeunesse surtout que l'on constate le vide effrayant des âmes sans idéal.

Belges, cessons de dire nous-mêmes que nous valons mieux que les Allemands, car nous finirions par nous rendre ridicules et odieux.   X.

[Actuellement, en Belgique] l'immoralité suinte, l'enfance la plus précoce est contaminée.   II.1921. Card. Mercier (1851/...).

Le niveau familial s'avilit ; nous descendons vers les sentines de l'immoralité païenne.   II. 1920. Card. Mercier (1851/...).

Le bel effet du militarisme !

— Et vous, qui faites ces citations, que pensez-vous de bon de la Belgique ?

------

(1) Le ministre « libéral » des Chemins de Fer vient de décider (mars 1921) que, dorénavant, des publications parisiennes illustrées, que ses prédécesseurs (catholiques) avaient bannies pour obscénité révoltante, ne sont plus interdites au transport. Faut-il s'étonner ? Mais non ! M. N e u-j e a n est « libéral », ce qui, en Belgique, signifie : partisan criminel des plus criminelles licences.

— Elle a donné au monde : R u b e n s, Simon S t é v i n, César Franck, Ph. G i l b e r t et L. H e n r y !

LA FRANCE (1).

... V o l t a i r e est l'image même de la France.
4. II. 1911. G. Hanotaux (1853/...).

V o l t a i r e avait encore plus d'orgueil que d'esprit.
Louis XVI (1754/93).

Ce charmant V o l t a i r e chérissait la tolérance; mais il voulait mettre à la Bastille les gens qui n'étaient pas de son avis !
1894. J Lemaître (1853/1914).

Il [V o l t a i r e] tomba dans l'intolérance, l'indécence, l'impudence...
4. II. 1911. G. Hanotaux (1853/...).

V o l t a i r e ment comme l'eau coule ; il ment au point que la notion du mensonge lui est étrangère.   1911. E. Faguet (1847/1916).

V o l t a i r e se plonge dans la fange, il s'y roule, il s'en abreuve... Sodome l'eût banni, Paris le couronna !   J. de Maistre (1753/1821).

...V o l t a i r e est l'image même de la France !
4. II. 1911. G. Hanotaux (1853/...).

**

Le peuple de Paris est tant sot, tant badault et tant inepte de nature...
Fr. Rabelais (env. 1490/1553).

La sotte vanité nous est particulière [à nous, Français].
La Fontaine (1621/95).

En France, ce qu'il y a de plus national, c'est la vanité !
H. de Balzac (1799/1850).

Un peuple est une bête qui se laisse mener par le nez, principalement les Parisiens...   Henri IV (1553/1610).

La population de Paris est un ramas de bavards qui ajoutent foi aux bruits les plus ridicules (2).   Napoléon (1769/1821).

Les riches rencontrent, à Paris, des opinions toutes formulées qui les dispensent d'avoir de l'esprit. Dans ce monde, la déraison est égale à la faiblesse ou au libertinage.   H. de Balzac (1799/1850).

En France... la constance n'est pas à la mode et la mode y est inconstante.   Oxenstiern (1641/1707).

---

(1) Prévenons charitablement le lecteur que nous n'avons pas beaucoup cherché à flatter le très-chatouilleux amour-propre français !... Nous avons surtout visé à respecter la Vérité (la Vérité au-dessus de tout !), en invoquant des autorités de premier ordre, parmi lesquelles il en est de scientifiques, de politiques, de psychologiques, de royales : E. B r a n l y, Ch. M o u r e u, H. Le C h â t e l i e r, G. Le B o n, Ch. G i d e, H. T a i n e, G. H a n o t a u x, M o n t e s q u i e u, G a m b e t t a, Et. L a m y, Henri IV, L o u i s XIII, L o u i s XVI. Qui oserait soutenir l'insuffisance de tels témoignages ?

(2) L'insuffisance des prémisses et la précipitation des conclusions sont nos deux sophismes habituels [à nous Français].
A. Fouillée (1838 /1912).

Les Français... ont beaucoup de peine à se souffrir les uns les autres, leur union est difficile, leurs sociétés inconstantes...

J.-B. **Colbert** (1619/83).

Les Français sont élevés dans l'habitude de se moquer (1) des choses sérieuses.   J. **Joubert** (1754/1824).

Les Français sont railleurs et médisants (2), ils tournent les choses les plus sérieuses en plaisanterie, et sont toujours prêts à donner du ridicule à ce qui leur déplaît.

XII. 1791. **Louis XVI** (1754/93), *au marquis de B o u i l l e t.*

Dieu sait quelles moqueries le goût allemand du colossal excite chez nous, Français, qui avons la manie de l'étriqué, du pauvre et du mesquin !   1917. H. **Bouasse** (1866/...).

Trop souvent, nous, [Français], avons souffert de nos conceptions étriquées, de notre routine, de nos organisations compliquées et stériles.

1920. Ch. **Moureu.**

Français nous souffrons d'une maladie grave, qui a nom : « mesquinerie en matière d'argent »... L'accord économique avec la Belgique est un exemple de la manière sans pareille dont nous déployons notre petitesse d'esprit en matière commerciale.   1. II. 1920. Y. **Dusser.**

Dans les salons français, la frivolité est érigée à la hauteur d'une convenance.   1887. M. **Guyau** (1854/88).

---

(1) La France, avant la guerre, ce n'est un secret pour personne, aimait particulièrement de se moquer de tout ce qui se faisait en Allemagne. Mais la douce France commence à prendre une autre attitude : elle cherche maintenant à imiter la Germanie en tout ! Deux exemples entre mille. L'Allemagne avait créé, en faveur des jeunes chercheurs scientifiques, les *bourses L i e b i g*, et la France vient de fonder les *bourses L a v o i s i e r* ! Une fois de plus, l'initiative, c'est la Prusse qui l'a prise !

Dans le domaine social, l'Empire allemand est entré le premier dans la voie de la législation ouvrière et la France (ainsi que les autres nations) s'est empressée de l'imiter !

La France a reproché à l'Allemagne de n'avoir pas tenu parole en certaine circonstance (notamment à propos de la neutralité belge). Or, la France a très souvent manqué à sa parole solennelle :

« Sous le règne de C h a r l e s VI, les chefs des deux partis, les Orléanais et les Bourguignons, jurèrent dix fois une même paix, sur les mêmes évangiles, et dix fois ils se jouèrent du nom de Dieu en rompant cette paix, si souvent et si solennellement jurée ». J de **Balzac** (1594/1654).

N'est-ce pas manquer à sa parole, ce que la France voudrait faire au détriment de la Belgique, à propos des surtaxes d'entrepôt ? (Cf. la note qui figure aux pages 49-50). Il ne reste rien des engagements pris par le gouvernement français au cours de la guerre !

Les Français avaient déjà été initiés par le Grand-Roi :

« Dès lors qu'on a pris la résolution de se dédire, on en trouve toujours le prétexte ; il n'est point de clause si nette [dans un traité] qui ne souffre quelque interprétation. Chacun parle dans les traités suivant les intérêts présents... »   **Louis XIV** (1638/1715).

(2) E s c o b a r... était un parfait honnête homme... Les mots *Escobarderie* et *escobarder*... (qui devraient être bannis du vocabulaire des honnêtes gens)... sont devenus français à cause des calomnies de P a s c a l. Que dirait-on en France, si l'on se servait, en espagnol, du mot *pascalismo* comme synonyme d'improbité littéraire et scientifique ?

1918. P. **Mansion** (1844/1919).

Les hommes sont si efféminés à Paris, qu'il semble qu'il n'y ait qu'un sexe dans toute la ville... (1). **P. de Massac.**

Paris est peut-être la ville du monde la plus sensuelle... A Paris on n'a pas le temps de connaître les vices et les vertus.
1721. Montesquieu (1689/1755).

La légèreté des Français est grande.
28. IX. 1597. Henri IV (1553/1610), *à M*^{me} *Cathérine.*

Aujourd'hui on ne se contentera plus du mot « légèreté ». G Boissy. 192 .

J'ai la larme à l'œil de voir la lâcheté et la légèreté des Francais.
4. X. 1635. Louis XIII (1601/43).

Le culte de l'amour et de la volupté est le cancer de la nation française. **Proudhon (1809/65).**

La République manque de femmes légitimes ; elle a trop d'unions libres. **L. Gambetta (1838/82-3),** *pseudo-célibataire.*

En France, on prend les désirs de la chair pour les droits de l'homme... En 1870, ce qui a succombé avec la France, c'est la déesse lubricité.
Matthew Arnold (1822/88).

Paris... ne croit qu'au maillot des danseuses et au carnet des agents de change. **A. Vacquerie (1818/95).**

Je ne vois plus sur la scène [française] qu'un foyer de libertinage et d'impudicité, où l'on expose des nudités honteuses.
J. Favre (1809/80).

Le théâtre [français] n'est même plus la débauche de l'esprit, ce n'est plus la débauche du regard. Ce qu'on n'avait jamais vu, c'est l'apparition d'une nouvelle classe de femmes qu'on peut appeler l'aristocratie du vice... **E. Pelletan (1813/84).**

Le théâtre français est tombé dans la « rosserie » et le libertinage. Il a exploité toute la gamme des sensations physiques... Pour entretenir l'excitation, pour éviter la satiété et l'indifférence, il a fallu donner toujours plus, pratiquer la surenchère, et on a ainsi dépravé chaque jour davantage le goût public, par le moyen d'un art qui s'était, pour lui plaire, dépravé... De l'exaspération on en est venu, naturellement, inévitablement, à la perversion. On est passé de la physiologie à la pathologie... (2).
Env. 1912. F. Roz.

Actuellement, en France et non moins en Belgique, la chronique dramatique des journaux devient une chronique de pathologie sexuelle.

Le théâtre « brutal » et « rosse » continue toujours de fleurir parmi nous, en France, avec l'audace de scandales que vous lui connaissez....

---

(1) A Paris... les femmes sont tellement défigurées par leurs dégoûtants artifices, qu'une femme naturellement belle serait méconnaissable aux yeux d'un honnête Allemand. **W. A. Mozart (1756 /91).**

(2) Dans l'état actuel des théâtres, et tel qu'est le public, j'ai peu d'estime pour une pièce qui réussit; c'est le signe de médiocrité ; il faut au public quelque chose d'un peu grossier... Je me méfie aussi d'un livre qui réussit sur-le-champ et sans au moins un intervalle pour que l'élite puisse y convertir la masse idiote. 1833. **A. de Vigny (1797 /1863).**

En 1833 ! Qu'eût donc écrit de V. en 1921 ?

Au théâtre, ce que la passion inspire de plus bas est ce qui réussit davantage. **L. Veuillot (1813 /83).**

Hélas ! a Bruxelles aussi cela se vérifie d'une façon saisissante !

Les affiches les plus détaillées dans leur cynisme s'étalent sur nos murs en spécifiant aimablement que les spectacles qu'elles célèbrent ne s'adressent qu'à des spectateurs « âgés de plus de seize ans » ! (1).

Env. 1912. F. de Witt-Guizot.

L'horizon redevient aussi sombre qu'aux mauvais jours. Cela n'empêche pas les gens de danser avec fureur... C'est une fièvre qu'encouragent certains écrivains qui poussent le public aux idées les plus démoralisantes. Au théâtre surtout... Nous en sommes à regretter l'époque lointaine où l'on exploitait l'insipide adultère. Je ne parle pas des petits théâtres qui pullulent et où les pièces faisandées sont d'un relâchement, d'une crudité de ton et de manière à ne pas croire : là c'est l'ordure ! Mais c'est dans les grands théâtres que se manifestent, sous des formes attirantes, les idées les plus pernicieuses, que se distillent les poisons les plus subtils...

21. II. 1920. Jean-Bernard.

Les journaux les plus obscènes s'alignent à la devanture des kiosques et à la porte de nos collèges [en France]...

Env. 1912. F. de Witt-Guizot.

[La littérature matérialiste française fournit certains journaux quotidiens (ces journaux qui constituent la seule lecture de la majeure partie de nos ouvriers et de tous nos paysans) d'articles graveleux que la femme ou la jeune fille peuvent lire après que le père les a posés sur la table de famille, et elle étale aux devantures des librairies les éditions pornographiques à bon marché : pour cinquante centimes on a tous les vices en un seul volume... (2). Comment s'étonner que... le matérialisme anarchique ait poussé de si vigoureuses racines dans le domaine des joies du cœur et de l'esprit, qu'il semble les avoir désormais abolies ? Comment s'étonner que, de proche en proche, il y ait tué jusqu'à tout sentiment quelconque de l'art, jusqu'à toute notion d'une beauté possible de la vie ? Comment s'étonner... qu'il aboutisse à la désorganisation de la

---

(1) En Belgique, la toute récente loi sur les cinémas obscènes ne s'inquiète pas de protéger les jeunes filles si elles ont atteint *seize ans* !!! Étonnez-vous que la nation pourrisse à vue d'œil. Tous les pays voisins ont eu recours, pour la protection de l'enfance, à des mesures beaucoup plus radicales que celles adoptées en Belgique. Celles-ci n'en ont pas moins provoqué un *tolle* général ! C'est que nous sommes en pleine licence !

(2) Voilà ce qu'on imprime en France. Les turpitudes les plus invraisemblables sont tolérées, sinon encouragées; écoutons R. Poincaré : « S'il se trouvait un gouvernement pour vous empêcher de parler librement, vous crieriez à l'oppression et vous auriez bien raison... L'Etat laisse ses citoyens imprimer tout ce qu'ils veulent ».

1910. R. Poincaré (1860 /...).

Tout, absolument tout! On laisse ainsi pourrir la nation! Mais si quelqu'un s'avise de publier un écrit chrétiennement antimilitariste, s'il cherche à propager la doctrine de Jésus : « Tu ne tueras point », il est jeté en prison ! Hypocrisie de la « libre-pensée » !

La Haute-Commission interalliée des territoires rhénans vient d'ordonner l'interdiction et la saisie, en territoire occupé, de divers ouvrages !

Avec quelle force les magistrats emploieraient-ils leur autorité pour supprimer un écrit séditieux contre le prince et le bon ordre de l'Etat, et en punir les auteurs !... On voit une foule de livres contre la religion, contre la pureté des mœurs; les magistrats s'endorment... On devrait verser des larmes de sang sur de tels abus. H. Humbert (1686 /1778).

Société succédant à la désorganisation de l'individu ?... Nous pensons que moins que jamais aujourd'hui cette France passionnément aimée, mais épiée, jalousée et convoitée, ne doit alimenter une telle entreprise de démolition nationale : ce n'est pas ainsi qu'on fait, qu'on maintient ou qu'on affermit une nation.   1913. F. de Witt-Guizot.

Zola, c'est Hercule, qui entre dans les écuries d'Augias, — pour y ajouter !...   X.

Le Panthéon est souillé par Zola (1) !
          8. XI. 1920. L. Daudet (1868/...).

...Stupéfiante littérature qui, en France, depuis l'armistice, continue à publier ses papotages, ses petits romans lubriques, ses honteuses chienneries de théâtre !... Avilisante littérature... qui agit exactement comme si l'immense bataille régénératrice, comme si la Victoire n'étaient pas venues (2) !   X. 1920. J. Gasquet.

Quels sont les auteurs de ces turpitudes ? Il y a parmi eux des membres de l'Académie Française !

Psychologues, physiologues, législateurs, dramaturges, romanciers, nouvellistes [Français]... attaquèrent le mariage, conclurent au divorce, poussèrent à l'union libre, légitimèrent la stérilité de cette union... On ne se borna pas à dégager de toutes gênes la sensualité, on la surexcita par un racolage qui employait l'indécence des peintures et l'ignominie des mots à provoquer la saleté des actes : *sous prétexte que l'art purifie tout, on abaissa l'art à ne s'inspirer que de ce qui est impur et une littérature se fit éducatrice de corruption et de mort... (3).*
          XII.1914. Et. Lamy (1845/1919).

Fait-on autre chose maintenant, en Belgique ?

Depuis 1789... on n'a cessé de nous chanter que nous [Français] portions le drapeau du progrès... Or... un relâchement dans les mœurs s'affiche dans le monde d'où devrait venir l'exemple et cela n'est pas sans rappeler ce qui se passait sous le Directoire... ; ajoutez à cela une liberté de la presse et des théâtres permettant les plus désinvoltes licences... Cette recherche de satisfactions personnelles..., ce désir de « vivre sa vie »... voilà les vraies causes de cette réduction croissante de la natalité dont souffre la France.   II. 1915. E. Perrier (1844/...).

Désormais, toute l'attention que nous mettions à moraliser, nous la mettrons à éviter de moraliser.   Env. 1905. Dufresny, *Pédagogie*.

Il me semble que dans ce désordre général [en France] il soit impossible au plus juste de ne pas se corrompre.   Louis XIV (1638/1715).

---

(1) Serait-ce pour cette raison que H. Poincaré n'y est pas ?
(2) L'année 1919 a été une année perdue [en France]... Toute l'activité a été sacrifiée à la fête... L'année 1920 doit être un retour à la... dignité.
          1. I. 1920. E. Brieux (1858 /...).
Un million et demi de morts, rien qu'en France ! Pas une famille non endeuillée ! Et l'on danse bestialement, et l'on se vautre dans la fange !... Joie malsaine, pourriture païenne. Le salut n'est que dans un retour en masse à l'esprit chrétien.
(3) Il n'y a pas de mauvais livres (!?). Il n'y a pas de mauvais journaux (!?).   (20. III. 1921. J. Destrée (1863 /...).

[A Paris] toujours même fracas, toujours même délire...
Même appétit des jeux, même soif de spectacles;
Toujours même impudeur, même luxe effronté,
Dans le haut et le bas même immoralité,
Même débordements, mêmes crimes énormes...
La race de Paris, c'est le pâle voyou...
Charbonnant en sifflant mille croquis impurs.
Cet enfant ne croit pas, il crache sur sa mère.
Le nom du Ciel pour lui n'est qu'une farce amère.
C'est le libertinage enfin en raccourci ;
Sur un front de quinze ans c'est le vice endurci...
... [A Paris] on meurt de débauche (1).

H. A. Barbier (1805/82).

Il y a en France une notable dégénérescence de la race...

« Un savant très éminent ». E. Perrier, 1915.

Pour 10 naissances, 35 décès en [France]... Voilà une éloquence qui se moque de toute autre éloquence... et des grands gestes des moulins à vent électoraux... La France tout entière est coupable de haute trahison vis-à-vis des temps futurs. Ce ne sont pas des cuirassés qu'il lui faut, mais des berceaux; ce ne sont pas des généraux, mais des sages-femmes. Je propose de supprimer le ministère de la Guerre et de le remplacer par le ministère de l'Enfance...   31. I. 1920. R. Dévigne.

[En France] partout égoïsme, cynisme et trahison. Les vices bourgeois — sabotage et stérilité — pourrissant le peuple, les vices politiques — mensonge et parlementarisme — pourrissant tous les milieux. Où se tourner ? (2).   1920. J. Lotte.

Français, cessons de dire nous-mêmes que nous valons mieux que les Allemands, car nous finirions par nous rendre ridicules et odieux.   X.

Ne voyez-vous pas que depuis vingt ans, tout s'abaisse, tout pâlit, tout s'affaiblit en France ? La population n'augmente pas. L'alcoolisme et l'immoralité ravagent le peuple. La criminalité de la jeunesse épouvante l'observateur. La médiocrité occupe tous les postes, et le pays semble ne plus produire d'hommes supérieurs. La générosité, l'esprit chevaleresque, la loyauté, la courtoisie, la pitié, le charme de la vie sociale ont fui de la France qui en était autrefois le paradis ; tout fait place à l'égoïsme, à la brutalité, à la grossièreté des sentiments et du langage, à l'injure et à la haine... La magistrature a perdu tout prestige. Le clergé est vilipendé. Le respect de l'autorité est éteint... Et, pendant ce temps, les nations rivales croissent en population, en prospérité, en cohésion, et attendent tranquillement que la France achève de se rayer elle-même de la liste des peuples qui comptent. Mais ces graves sujets de douleur et d'inquiétude ne préoccupent point la secte qui nous gouverne. Elle

------

(1) Une autre cloche (car le diable trouvera toujours à se justifier !) : Notre gaieté était prise pour de la frivolité, notre goût du plaisir pour de la mollesse, notre douceur de mœurs pour de la corruption, notre liberté de langage pour du cynisme.   1919. P. Gaultier.

(2) Où se tourner ? Pas du côté de la Belgique, où c'est la même chose !

6

n'a pas d'autre souci que d'éteindre en France les derniers foyers d'indépendance, que d'abolir la religion et jusqu'à l'idée de Dieu (1) ; et le plus
brillant de ses exploits est d'avoir, par une loi, renversé plus d'écoles
que n'en eût détruit une invasion de barbares.

Env. 1900. **Marquis de Vareilles** (de Lille).

Quelle destinée que celle de la France ! Quelle incomparable Histoire !

1920. **Ch. Moureu.**

La France, hier soldat de Dieu, aujourd'hui soldat de l'Humanité...
sera toujours soldat de l'Idéal ! (2)

11. XI. 1918. **G. Clémenceau** (1841/...).

Si l'Eglise, par des miracles de zèle, n'arrive pas à reconquérir ces
masses païennes, c'en est fait de la civilisation française.

1890. **H. A. Taine** (1828/93), *à Mgr d'Hulst.*

O Jésus, c'est bien votre passion tout entière que je retrouve dans
celle de l'Eglise de France : la haine des Pharisiens... l'insolence triom-
phante des Princes du peuple... le blasphème ironique et menteur des
scribes, les grossières dérisions et les ignobles crachats du corps de garde
et des valets... La prise de possession de nos églises *manu militari...*
Rouvier remplacé par Clémenceau, personne ne devait certes y gagner.
Cavalerie, fantassins, gendarmes, éclaireurs, avant-postes ;... la sape,
le tambour, le clairon... ; la porte défoncée, l'église violée... *Sunt lacrimae
rerum.*   1910. **L. Baunard** (1828/1918).

Ce qui a condamné l'Eglise de France, ce qui a rendu finalement
intolérable la seule vue de l'homme de cloître ou d'église, de sa robe,
de la croix qu'il portait sur sa poitrine, c'est tout simplement que ces
prêtres et ces religieux étaient d'honnêtes gens de bien, très souvent
des hommes vertueux et des saints. Or, le propre d'une démocratie
fondée sur le suffrage des plus tarés des citoyens... c'est de ne pouvoir
supporter la pensée qu'il puisse exister des hommes probes, chastes,
et qui ne se saoulent pas jour et nuit. Env. 1900. **J. Soury** (1842/...).

Là-bas les Clémenceau et leur ignoble caste
 Vous expulsent avec orgueil :
Ici, la charité joyeuse, enthousiaste,
 Vous fait le plus cordial accueil !...

(Début d'un toast improvisé aux moines exilés de France en Belgique).

III. 1909. **P. Lefèbvre.**

Clémenceau est un voltairien qui mourra dans l'impénitence finale,
un divorcé, brouillé irrémédiablement avec l'Eglise.

17. I. 1920. **G. Hervé.**

Le père « la Victoire » (! ?)

___

(1) La guerre civile des âmes, qui a désolé, affaibli, désorganisé la
France pendant un demi-siècle, c'est G a m b e t t a qui l'a déchaînée. Il
a ainsi trahi la France. B i s m a r c k, lui, n'engagea qu'une lutte passagère,
de nature toute politique. Mais pour G a m b e t t a, c'était guerre de principe, sans trêve ni merci, contre l'idée religieuse. Quand l'incendie fut
allumé en France, B i s m a r c k fit la paix avec les catholiques allemands. — Sacré cœur de G a m b e t t a, on te promène dans Paris et
l'on invite la foule imbécile, incroyante mais supersticieuse, à t'adorer !

(2) Y a-t-il rien de plus bête que cette phrase à effet pour meeting
électoral ? Soldat de l'idéal, sans être soldat de Dieu ! Qu'est-ce donc
qu'un idéal sans Dieu ?

Les grands malfaiteurs de notre société contemporaine, ce sont les libres penseurs athées.   IV. 1912. **Card. Mercier (1851/...).**

Les réceptions de l'Académie [Française] m'apparaissent comme des récréations de cuistres (1).   1879. **Goncourt.**

Ma conviction est qu'elle [l'Académie Française] est composée de véritables malhonnêtes gens (2).   1868. **Goncourt.**

B e r l i o z est le seul musicien français.
                M. A. Balakirew (1837/1910).

Quand j'ai nommé B e e t h o v e n, M o z a r t, B a c h, H a e n d e l et W a g-n e r, je ne connais à B e r l i o z, dans l'art musical, pas un supérieur... Il est naturel que l'Allemagne, plus musicienne que la France, se soit rendu compte, avant la France, de la grandeur et de l'originalité musicale de B e r l i o z.   15. III. 1904. **R. Rolland (1866/...).**

Nous [Français] pensons [en musique] dans des formes germaniques... Nous n'avons pas, en musique, de maître de style français. Tous nos plus grands compositeurs sont des étrangers. Le fondateur du premier opéra français, L u l l i, était Florentin. Le fondateur du second opéra français, G l u c k, était Allemand !...
                1. III. 1904. **R. Rolland (1866/...).**

Le Français n'a généralement pas l'imagination très forte.
                A. Fouillée (1838/1912).

W a g n e r, le génie le plus colossal qu'on puisse imaginer.
                1895. **A. Lavignac (1846/...).**

H. P o i n c a r é aime la musique ; son auteur préféré est W a g n e r (3).
                1910. **E. Toulouse (1865/...).**

---

(1) Le défaut [à l'Académie Française], c'est l'élection par les membres en faisant partie... Il y a dans l'homme une tendance à choisir son infé-rieur.   1872. **Goncourt.**
Si l'on veut que les académies vivent, ou du moins, qu'elles fassent œuvre utile, on devra soumettre leurs membres à la réélection.
                28. II. 1921. **Piccolo.**
La cause principale du mal dont nous souffrons réside dans la sénilité du monde officiel.   **Mougeolle.**
Il y a des hospices pour les vieilles gens et des académies pour les vieilles bêtes.   **Max Waller.**

(2) En 1919, nous exprimions l'espoir que la guerre aurait effectué un sérieux nettoyage à l'Académie Française. Cruelle déception ! Cette Compagnie vient encore d'élire d'acclamations un spécialiste d'obscé-nités. Il n'en manquait pas cependant. Les critiques les moins suspects et les plus coulants qualifient ses ouvrages de « pernicieux, franchement choquants ». Les G o n c o u r t avaient raison, mais ils ne croyaient sans doute pas si bien dire. Oui, hélas ! l'Académie Française (nous ne disons pas l'Académie des Sciences) compte un certain nombre de véritables malhonnêtes gens. Que dit le Cardinal M e r c i e r? « Les grands mal-faiteurs de notre société contemporaine, ce sont les libres - penseurs athées ». On pourrait ajouter que ce sont aussi les pornographes.

(3) L'œuvre de W a g n e r valait-elle moins quand on la siffla à Paris ; vaut-elle davantage aujourd'hui qu'on l'acclame ?
                III. 1914. **J. L. Arréat (1841/...).**
Si l'on jouait W a g n e r à Bruxelles, le public commencerait par mettre les banquettes en pièces ; aussi est-il formellement interdit là-bas d'en

V. H u g o, le plus grand poète de la France, est le plus germanique des écrivains français.   H. Heine (cnv. 1799/1856).

Le Français ne doute jamais de lui. C'est une qualité pour enlever la redoute; c'est un vice pour apprendre quoi que ce soit. La philosophie de l'histoire, pour le Français, est d'une extrême simplicité : s'il perd une bataille, c'est qu'on le trahit... S'il rate une découverte, c'est qu'on le vole... Sa vanité le soutient, c'est la raison de son héroïsme.
        1920. H. Bouasse (1866/...).

La plus grande joie [de quelques-uns de nos savants français] serait qu'on reconnût à leur démarche qu'ils s'occupent des ions ou des fonctions abéliennes : la simplicité n'est pas leur fort.
        1920. H. Bouasse (1866 /...).

Nóus [Français] avons la fatuité de croire que tout le monde grille du désir d'entrer dans nos académies. Par de tels manques de tact, nous sommes ridicules et détestés.   1920. H. Bouasse (1866 /...).

Français, vous êtes vaniteux comme un paon et paresseux comme une loutre... Vous avez le prurit d'être considérés comme un puits de Science... Les Français sont persuadés qu'ils savent tout, avant d'avoir rien appris... (1).   1917. H. Bouasse (1866/...).

La plupart d'entre les... [Français], quand ils ne l'ignorent pas complètement, sont peu familiarisés avec la langue allemande...
        1920. Ch. Moureu.

Il faut savoir l'allemand... parce que cette langue est parlée par 60.000.000 d'hommes dont beaucoup sont des savants.
        15. VII. 1904. H. Poincaré (1854/1912).

[En France] on est peu porté vers les Sciences... Le préjugé que les études littéraires sont d'une qualité supérieure... [crée] l'ambiance la plus défavorable qui soit à l'éclosion des vocations scientifiques... Les études scientifiques exigent d'ordinaire plus de patience et d'application, plus d'esprit de discipline et de continuité dans le travail que les études littéraires et *ces qualités sont incontestablement moins françaises que germaniques.*   1920. Ch. Moureu.

Trop de Français se désintéressent encore de la Science et sont d'une ignorance incroyable en ce qui touche les questions scientifiques... L'es-

---

jouer. Mais ici, à Paris, on est plus partisan, je crois, de cette musique.
        Env. XII. 1920. Noté.

La pensée de réaliser une éducation musicale complète en biffant W a g n e r de l'histoire musicale du xixᵉ siècle est aussi folle que de vouloir exclure un G o e t h e de l'évolution intellectuelle et littéraire.
        G. S. — *Libre Belgique*, 15. II. 1921.

La propagande faite par la *Libre Belgique*, qui est le quotidien belge le plus sensé, a eu un heureux effet : le referendum organisé à Bruxelles, au sujet du rétablissement de la musique de W a g n e r, a donné 3.422 voix *pour* sur 4.756. N o t é se réjouira de s'être trompé ! Le 20 février le Conservatoire royal de Bruxelles exécuta *Parsifal* de W a g n e r. Le succès fut étourdissant ! Le rayonnement de l'universelle et éternelle beauté triompha des instinctives et bestiales aversions chauvines ! Ce fut aussi la victoire de l'idéalisme germain sur le sensualisme gaulois.

(1) Il ne faut pas présumer de soi ni croire qu'on puisse savoir les choses sans les apprendre.   Louis XIV (1638/1715).

prit public [en France] est routinier et sceptique en matière d'innovations scientifiques. Il n'y a qu'à rappeler comment il a accueilli les grandes inventions, celles de la vapeur, par exemple. P a p i n, pourtant, était français. Cependant le grand public est resté près d'un demi-siècle aveugle et sourd devant ce fait évident que la vapeur était de première importance pour l'industrie... C a r n o t soulignait, en 1832, l'emploi de la vapeur en Angleterre; on ne l'écouta pas ! En France, trop longtemps [la Recherche Scientifique] fut considérée comme une distraction académique à l'usage de quelques dilettantes.   **1920. Ch. Moureu**.

... Il faut accuser notre Instruction Publique... L'Enseignement à divers degrés est tombé en France à un niveau extrêmement bas... Les universités allemandes sont d'une supériorité écrasante !
                              1906. G. Lippmann (1845/...).

La mesquinerie de nos installations pour le travail de nos élèves est une honte, comme trop de choses en France à l'heure actuelle.
                              Env. **1905. H. Bouasse** (1866/...).

Notre Université est en partie responsable des maux de la Société française.   **Ribot** (1842/...).

Déjà R e n a n, P a s t e u r et d'autres avaient déploré le délaissement des sciences dans l'Université française !

Les candidats aux examens universitaires bénéficieront, après la cessation des hostilités, de mesures *largement réparatrices*. Tout étudiant [qui aura été sous les drapeaux]... rencontrera de telles conditions de bienveillance, qu'il lui suffira de quelques jours pour se mettre en état de réussir.   27. V. 1915. *Le Temps*. (Même chanson en Belgique !) (1)

Le droit à l'ignorance, ils l'appellent « mesures réparatrices » ! Ils espèrent relever la France. Etonnez-vous que l'industrie française périclite !
                              1917. H. Bouasse (1866/...).

Si l'on n'y prend garde, d'ici vingt ans il n'existera plus d'enseignement supérieur français. L'étranger se moque ouvertement de nous... Nous avons perdu jusqu'au sens de l'enseignement supérieur.
                              1910. H. Bouasse (1866/...).

Tout va de travers dans l'Université [française], parce que messieurs S.T.U., désireux d'être de l'Académie, n'osent pas dire à messieurs X.Y.Z. qu'ils ne sont que des imbéciles. 1920. **H. Bouasse** (1866/...).

C'est exactement la même chose en Belgique : les pleutres se taisent, de crainte que l'Académie ne leur ferme la porte !

L'Enseignement supérieur scientifique actuel [en France]... c'est du bluff et des ruines... L'E. S. français est dispersé, incohérent, désordonné, sans direction... Notre morale universitaire en France : les incapables choyés parce qu'ils ne sont pas dangereux, ils n'ont aucune impor-

____

(1) Les militaires, surtout les officiers et les sous-officiers (dont 9 sur 10 sont des snobs orgueilleux !), ne devraient-ils pas se sentir humiliés ? Est-ce fort honorable à eux d'accepter ainsi une aumône qui consacre leur faiblesse intellectuelle ? En réalité, ce qu'on leur donne, c'est une prime à la paresse. Dans les tavernes, à Bruxelles, à Louvain et ailleurs, on les voit jouer aux cartes depuis le dimanche matin jusqu'au samedi soir, presque toute la journée ! On dit que la guerre endurcit ! Non, ce qu'elle fait, c'est abrutir ; car elle rouille et amollit intellectuellement, elle bestialise. — Quant à la fermeture des Universités pendant la guerre, autre aberration produite par le chauvinisme, nous en avons parlé suffisamment d'autre part ; nous n'y reviendrons pas.

tance... Les Instituts des Facultés de France... sont aussi incapables
de fournir de bons élèves que de recruter des professeurs compétents !

1917. H. Bouasse (1866/...).

Exactement de même en Belgique !

N'est-il pas malheureux que lorsqu'il s'agit de nommer des professeurs,
on puisse arguer d'autre chose que de leurs titres scientifiques !

6. V. 1919. P. Héger (1846/...).

Oui, et il est vraiment insensé d'arguer de service militaire, ce qu'on fait pourtant ici !
(par une loi votée en août 1919).

La Sorbonne est juste capable de piller les idées d'autrui pour en faire
la caricature.

1920. H. Bouasse (1866/...).

Nos dirigeants... ont transformé l'Ecole Normale [supérieure de Paris]...
en une boîte sorboniphile, sorbonilâtre, sorbonicole..., d'une organisation
absurde, en tout point digne de la Faculté dont elle est devenue l'annexe...
L'Ecole Normale actuelle est une auberge mal tenue.

1920. H. Bouasse (1866/...).

La jeunesse française est d'une complète ignorance en ce qui concerne
l'histoire des sciences et la vie des savants.

1873. L. Figuier (1819/94).

Les mathématiques subissent un vilain recul en France.

N. H. Abel (1802/29).

Il n'existe pas de pays où l'on apprenne plus de mathématiques qu'en
France, pas de pays où l'on en sache moins... Nos mathématiciens gâchent
jusqu'à l'enseignement des mathématiques.

1920. H. Bouasse (1866/...).

L'astronomie française se meurt... De l'astronomie qu'on enseigne
dans nos Facultés, il faut bien se détourner avec horreur.

1910, 1919. H. Bouasse (1866/...).

En France, la mécanique est enseignée par une telle collection d'imbéciles...

1919. H. Bouasse (1866/...).

L'Enseignement de la Mécanique n'existe plus en France.

1920. H. Bouasse (1866/...).

L a v o i s i e r n'a pas créé la science de son époque, il l'a transformée...

I. 1920. M. Delacre (1862/...),

dans son « Histoire de la Chimie », couronnée par l'Institut de France !

Il est malheureusement démontré que L a v o i s i e r a, à plusieurs reprises, cherché à s'approprier les mérites des autres.

1890. Ladenburg, Thorpe.

Ce n'était pas une raison pour que la France, dans un accès de fanatisme imbécile et de folie furieuse, envoyât à l'échafaud le grand chimiste qui, au dire de M. Ch. M o u r e u (1920), est un des plus puissants
novateurs dont s'enorgueillisse l'Humanité ! (1)

L.

La fraternité de 93 fut sœur de la guillotine ! (2)

4. XII. 1914. R. Rolland (1866/...).

---

(1) G. M o n g e, l'ardent jacobin, eût eu beaucoup plus de mérite,
bien que cela lui eût été facile, s'il était intervenu en faveur de L a v o i-
s i e r, que d'inventer la niaise et indésirable géométrie descriptive, qui
sent l'école militaire !

(2) Le Manifeste des 93, « quel odieux factum » ! Et la Terreur de 93,
quelle gloire pour la France !

La République n'a pas besoin de savants !   J. P. Marat (1744/93).
La plèbe bolcheviste elle-même ne dit pas plus mal !
Quelle destinée que celle de la France ! Quelle incomparable Histoire !
1920. Ch. Moureu.

La synthèse chimique... ce n'est pas B e r t h e l o t qui l'a créée ; les documents de l'Histoire sont formels.
I. 1920. M. Delacre (1862/...), Hist. Chimie.

La Chimie, en France, n'occupe pas dans l'esprit public et dans l'Enseignement public, la grande place à laquelle lui donne droit l'importance de son rôle dans la vie des individus et des collectivités. Trop de gens, dans tous les milieux, même les plus éclairés, sont, à son endroit, ignorants ou indifférents, et dans les Etablissements d'Enseignement elle est encore souvent négligée (1).
1920. Ch. Moureu.

Le nombre des chimistes [en 1914] était, en France, d'environ 2.500. Nous sommes loin des 30.000 chimistes allemands !
1920. Ch. Moureu.

L'Industrie des Produits Organiques... est languissante dans notre pays [la France], alors qu'elle est arrivée à son complet épanouissement en Allemagne.
1900. A. Haller (1849/...).

Si l'on voulait chiffrer la production française comparée à la production allemande [dans le domaine des matières colorantes], peut-être pourrait-on parler de centième !
1920. Ch. Moureu.

[Au point de vue] de l'intervention de la Science chimique dans l'exploitation rationnelle du sol et du développement des productions agricoles,... nous [Français] sommes largement distancés par l'Allemagne, et nous le sommes aussi par d'autres pays.
1920. Ch. Moureu.

En France, la science et les savants ne sont pas appréciés comme ils le sont à l'étranger.
1.V. 1916. H. Le Châtelier (1850/...).

A la Sorbonne et ailleurs en France, il n'y a jamais fête pour honorer un homme d'étude et la science qu'il a servie.
Env. 1882. Ch. Hermite (1822/1901).

En tête... [du cortège suivant la dépouille du Suédois O E r s t e d] marchaient les princes de la famille royale, qui semblaient représenter le deuil de la nation. La France ne sait pas rendre de tels hommages à ses savants.
IV. 1886. A. Witz (1848/...).

Et la Belgique encore moins !
Qui est C u v i e r ?   Louis-Philippe (1773/1850).
Qui est Claude B e r n a r d ?   Napoléon III (1808/73).

---

(1) Une seule chaire de Chimie organique à la Sorbonne... et la plupart des facultés régionales n'ont pas même cette chaire unique ! Il en résulte que l'enseignement de la Chimie organique est toujours très incomplet. ...Les grands chapitres, comme ceux des terpènes et des alcaloïdes, sont d'ordinaire passés sous silence... En Allemagne, dans la plupart des Universités, l'enseignement de la Chimie organique est absolument complet sous tous les rapports.

Le laboratoire de Chimie [du Muséum d'Histoire naturelle] participe de l'état précaire et déjà légendaire de ce grand Etablissement. Le délabrement des locaux est général: l'outil est complètement rouillé, et un tel spectacle cause immédiatement la plus pénible impression... Aucune recherche scientifique ne saurait être entreprise dans ce laboratoire !
1920. Ch. Moureu.

...On s'étonne vraiment que tant de Français cultivés puissent vivre indifférents à la magnificence de l'Univers et des conquêtes de la Science.

1920. Ch. Moureu.

Dans la Légion d'Honneur [en France] on trouve [un tas de politiculards]... mais fort peu ou point de savants. Nous pourrions citer deux lauréats du prix N o b e l qui n'étaient même pas décorés du simple ruban au moment où l'Académie de Stockholm leur décerna la célèbre récompense internationale; leurs noms étaient cependant attachés à deux grandes découvertes, que nos ministres (1) n'auraient pas dû ignorer : celle du radium et celle d'une méthode de synthèse chimique d'une extraordinaire fécondité. Voilà comment on encourage la Science dans notre pays (2) !... Il en va tout autrement en Allemagne, où les savants, considérés comme les principaux artisans de la fortune publique, non seulement ont de fort belles situations matérielles, mais, en outre, jouissent, dans tous les milieux, de la plus grande considération et sont comblés d'honneurs. Il en résulte que les carrières scientifiques y sont recherchées entre toutes...

1920. Ch. Moureu.

...Le Professeur [allemand]... acquiert... une situation matérielle à laquelle aucun Savant français, aucun membre de notre Université ou de nos Grandes Écoles, quel que soit son mérite, ne peut parvenir.

1900. A. Haller (1849/...).

Trop souvent, en France, les carrières scientifiques réservent des déboires à ceux qui s'y consacrent.

1920. Ch. Moureu.

[En France] la situation faite à nos meilleures têtes scientifiques est un scandale intolérable (3).

15. I. 1920. M. Barrès (1862/...).

De même en Belgique !

Nous avons en France une sorte d'irréligion nationale...

1887. M. Guyau (1854/88).

En 1889, la Ville de Paris refusait de laisser ériger la statue de L e v e r r i e r aux abords de l'Observatoire, ne lui ayant pas encore pardonné, vingt ans après sa mort, ses sentiments religieux !

1890. A. H. L. Fizeau (1819/96).

La Ville de Bruxelles est actuellement au moins aussi sectaire que ne l'était la Ville de Paris Ferrer y a sa statue, mais les plus grands savants n'en out point !

En Allemagne, on croit à la réalité des résultats scientifiques. En France, le polytechnicien lui-même ne croit pas à la Science.

1. V. 1916. H. Le Châtelier (1850/...).

---

(1) Neuf fois sur dix, les ministres sont de purs politiciens, c'est-à-dire de parfaits imbéciles.

(2) Chaque fois que je démontre clair comme le jour qu'un homme est un imbécile malfaisant, il peut se féliciter qu'une décoration n'est pas loin ! Et ceux qui la décernent s'imaginent qu'ils obtiennent un autre résultat que d'avilir eux et la récompense !

1920. H. Bouasse (1866/...).

(3) Le D^r L e r a y, radiologue mort victime de la science au service de l'humanité (cela ne vaut-il pas mieux encore que de mourir pour la patrie ?), touchait 300 fr. par mois pour ses sublimes recherches, à 55 ans. Son traitement lui fut retiré pendant le congé qu'il dût prendre (et qui lui fut accordé !) pour se soigner en 1919, après avoir subi déjà une amputation !

Au début de la guerre, il fut de bon ton chez les Français de nier les qualités scientifiques des Allemands, en particulier de leur refuser tout *esprit de finesse* et de ne leur accorder que le plus grossier et caricatural *esprit géométrique*... Les Allemands sont d'admirables savants....

1920. H. Bouasse (1866/...).

L'Allemagne a fourni aux savants les subsides nécessaires. Elle a mis ses Instituts à la hauteur des exigences modernes; elle en a largement ouvert les portes aux travailleurs de tous les pays. En France, les laboratoires sont moins bien subventionnés, et les travailleurs sont relativement peu nombreux. La plupart des jeunes gens sont détournés des recherches scientifiques.

V. 1916. H. Roger (1860/...).

Il n'y a pas, au budget de l'Instruction publique [en France], un denier affecté au progrès des sciences physiques...

L. Pasteur (1822/95).

[En France] les Agrégés et Maîtres de Conférences éprouvent les plus grandes difficultés à poursuivre des recherches originales. Quel gaspillage de talents et d'énergies créatrices !

1920. Ch. Moureu.

[En France] la modicité des crédits de laboratoire (1) est parfois humiliante pour le Professeur : nous pourrions citer telle Faculté de Médecine où le Professeur de Chimie biologique, savant réputé, dispose annuellement d'une somme de ...200 francs !

1920. Ch. Moureu.

Certains savants disposent en Allemagne de millions pour leurs expériences de laboratoire. Et moi, je travaille dans un modeste cabinet à peine digne d'un collège de province et qui, d'ailleurs, ne doit rien à l'État.

1916. E. Branly (1846/...).

Cela confirme ce que nous avons écrit en 1918 ; pour la guerre, l'argent ne manque pas ; pour des savants de premier ordre, comme B r a n l y, rien !

La désertion des laboratoires est un péril pour la France.

25. VII. 1919. Dr E. Roux.

La véritable crise de l'enseignement supérieur [français]... est tout entière dans l'insuffisance de nos installations et de notre outillage (2).

11. IV. 1919. Lafferre.

Toutes les grandes nations industrielles, à l'exception de la France, possèdent des laboratoires nationaux de recherches scientifiques.

13. XI. 1916. Institut de France.

L'Industrie française, comme production globale, est descendue du premier au quatrième rang.

1920. Ch. Moureu.

---

(1) Presque tous les laboratoires du Collège [de France] sont insuffisants et tous sont insuffisamment dotés... Laboratoires étroits, incommodes, mal et incomplètement outillés, pauvrement dotés... Les travailleurs sont rares dans nos laboratoires. 1918. E. Gley (1857/...).

Les maîtres du Collège de France n'osent pas montrer leurs laboratoires aux savants étrangers ! ... La Sorbonne présente, à certains égards, un anachronisme !... Les laboratoires sont à l'étroit... L'exiguité honteuse des installations du Muséum empêche ... d'accepter et d'exposer des collections de grand prix offertes à l'État par de généreux donateurs !

15. I. 1920. M. Barrès (1862/...).

(2) Voici toutefois une objection autorisée :

Ce qui nous manque, ce n'est pas tant l'argent que les hommes capables de l'employer... Il faut supprimer l'anarchie dans notre enseignement supérieur. 22. VII. 1919. H. Le Chatelier (1850/...).

[A cause de notre] étroitesse de vues en affaires, nous sommes loin de prendre, dans le commerce du monde, la place que notre population et nos ressources devraient nous assurer (1).

1. II. 1920. Y. Dusser.

Importance numérique des cerveaux et des bras travaillant en usine ; la méthode, la discipline à tous les degrés de la hiérarchie...; l'harmonie générale dans les services; un régime fiscal et douanier favorables ; la solidarité industrielle et commerciale entre les producteurs, bref, une bonne et puissante organisation...: pour la plupart de ces points la France est inférieure à l'Allemagne.

1920. Ch. Moureu.

Pérorer sur l'organisation, voilà qui est bien français !

1917. H. Bouasse (1866/...).

Les organisations des Français sont friables.

1916.. Ch Gide (1847/...).

...L'Allemagne est mieux organisée que nous [Français].

1916. Mgr. A. Baudrillart (1859/...).

La situation récemment prédominante de la science française, qui est basée non sur l'organisation, mais sur l'autorité, s'est complètement désagrégée. La volte-face est si visible que, même le très chauvin M. Achalme parle d'un Sedan scientifique que les Français ont dû essuyer au même titre que le Sedan militaire. 1915. W. Ostwald (1853/...).

La décadence de la presse scientifique française, abandonnée par les gouvernements à ses propres ressources, l'énorme développement de la presse allemande, ont été la cause évidente d'un Sedan scientifique.

VII. 1915. P. Achalme.

Que la science française soit dans un fâcheux état, c'est chose évidente (2). Cherchons-nous à la relever par notre travail ? Oh ! que nenni !... Découvrez actuellement en France un L a v o i s i e r, un F r e s n e l : vous augmenterez beaucoup plus notre prestige extérieur qu'avec toute notre propagande dont les étrangers se gaussent (3) !

1920. H. Bouasse (1866/...).

De génies scientifiques, en France, aujourd'hui, on n'en connaît pas d'exemplaire.

1917. H. Bouasse (1866/...).

---

(1) En France, les voyageurs de commerce de produits chimiques, ignorent la composition du produit à placer et souvent ses applications !

1920. Ch. Moureu.

(2) Je l'affirme sans craindre un démenti : pour écrire mon ouvrage [*Pendule spiral. Diapason.* Paris 1920, 2 vol. de 1000 pages], je pourrais sans inconvénient supprimer toute la science française depuis trente ans ; je n'aurais pas un mot à changer. H. B.

(3) Que le lecteur ne m'accuse pas d'être mauvais patriote : l'étranger sait parfaitement à quoi s'en tenir sur nos institutions : il ne se fait sur l'Académie des Sciences [de Paris] pas la moindre illusion... Pour être de la [Société française de physique] il faut donner 20 francs par an sans autre condition que de ne pas avoir un casier judiciaire. Pour être de [l'Académie des Sciences de Paris] il faut... des dîners et des démarches. H. B.

En général, il en est de même en Belgique. Des histoires de femmes ont aussi très souvent une grande importance !

L'intérêt national [de la France] voudrait que l'Université produisît
moins d'avocats, de journalistes et d'apprentis politiciens, moins d'esprits
satisfaits d'une maigre substance, soi-disant littéraire, et beaucoup plus
de jeunes cerveaux... scientifiques.   15. I. 1920. **M. Barrès** (1862/...).

Aujourd'hui, un grand danger menace la science française : le nombre
des jeunes gens se dévouant aux recherches de science pure, dans toutes
les branches de l'activité intellectuelle, tend à devenir de plus en plus
restreint (1).   3. I. 1921. **G. Lemoine.**

Malheur aux Nations qui sont réfractaires aux progrès scientifiques !
                                            1920. **Ch. Moureu.**

Qui est responsable de la détresse scientifique de la France... ?
                                   15. I. 1920. **M. Barrès** (1862/...).

La cause principale de l'infériorité française sur tant de points est...
la paralysie de l'initiative par la routine... Le Germain est persévérant,
mais non routinier.   1920. **G. Le Bon** (1842/...).

La France est une vieille Nation... avec des coutumes et des traditions
fort anciennes, en vertu desquelles le Barreau et *l'Armée* sont des carrières toujours en grand honneur dans les familles ! D'autre part, la
Mécanique, la Physique, la Chimie, ou, du moins, leurs applications,
sont récentes, et l'évolution de la mentalité nécessaire... ne s'opère que
lentement [en France]... Dans les Nations de formation récente, comme
l'Empire d'Allemagne, il n'y a pas ce lourd passé, cette « force d'inertie »
qui retarde les innovations.   1920. **Ch. Moureu.**

Si la France, encore une fois imprévoyante et insouciante, fermait
les yeux à l'évidence, si elle détournait son regard de la nécessité vitale
où elle se trouve de s'imprégner profondément de Science pour devenir
forte et être toujours respectée, elle signerait son arrêt de mort... dans
un avenir qui ne dépasserait probablement pas un demi-siècle !
                                          1920. **Ch. Moureu.**

A ce peuple de France conviennent la servitude, l'oppression, l'injustice et, au besoin, la schlague, accompagnées de quelques blagues dorées...
                                24. VIII. 1894. **C. A. Laisant** (1841/1920).

A Paris, tout est toléré : le gouvernement et la guillotine, la religion
et le choléra.   **H. de Balzac** (1799/1850).

En 1919, la Compagnie d'Orléans a déboursé 14 millions d'indemnité
pour vols; le P. L. M., 29 millions !   **L.**

On se plaint en Perse de ce que le royaume est gouverné par deux
ou trois femmes; c'est bien pis en France !
                                        Montesquieu (1689/1755).

---

(1) Les jeunes générations françaises qui se destinaient aux carrières
intellectuelles ont été, au cours de la guerre, terriblement décimées :
40 °/₀ ont été tués ou mutilés au point de disparaître des lieux d'étude,
sans compter les malades (cf. p. 88). A la rentrée de l'École Normale,
en mars 1919, ce n'est pas un palmarès qui a été lu, mais un martyro-
loge... A la Sorbonne, même effondrement ! Bestialité militaire ! Comme
le rappelle M. Barrès, « sous la Révolution et l'Empire, le Quartier
Latin maintint son privilège de paix »!... L'Allemagne, qui est moins
exclusivement militariste que la France, a protégé les intellectuels :
elle n'a pas subi d'aussi effroyables pertes dans son élite.

Qu'on donne aux Français une bonne politique, ou, plutôt, qu'on fasse, en France, moins de politique, et qu'on se préoccupe davantage d'utiliser les intelligences et les richesses naturelles.

1920. Ch. Moureu.

Si un changement ne survient pas dans nos mœurs politiques [en France]... nous sommes destinés à une décadence rapide.

1916. E. Branly (1846/...).

Nous assistons au suicide de la France (1).

Env. 1890. H.-A. Taine (1828/93).

Je voudrais voir mon pays [la France] prospérer par l'amour de l'humanité et non par l'égoïsme national... ; je le voudrais riche de vertus, heureux du bonheur de ses voisins autant que du sien propre, et non point bassement jaloux de la richesse des autres et goûtant une satisfaction immorale à la vue de leurs souffrances ou de leurs humiliations.

1870. P. Larroque (1801/79).

[En France] la valeur attribuée naguère à la supériorité de naissance est passée à l'argent !   15. I. 1920. M. Barrès (1862/...).

Il y aura toujours des peuples envieux de la prospérité des autres ou qui voudront accroître leur richesse aux dépens de leurs voisins.

1919. P. Gaultier.

La France est aveuglée par sa politique égoïste, protectionniste.

9. III. 1921. L. Strauss.

Le sang des soldats belges a coulé pour rendre à la France l'Alsace-Lorraine et, la paix faite, le gouvernement français aurait voulu nous enlever le marché de ces deux provinces, geste qui eût consommé la ruine d'Anvers !   L.

...En 1794, l'occupation de la Belgique par les armées françaises et son incorporation à la France, arrêtèrent brusquement le mouvement scientifique [en Belgique]... Pendant la période néerlandaise, les mathématiques donnèrent lieu à des travaux fort remarquables.

1875. Ern. Rousseau (1831/1908).

La race qui habite les Gaules est folle de guerre et prompte au combat.

Strabon (env. —60/+24).

Le Français n'est pas militaire, il est belliqueux. Il a de l'élan, ce que les Italiens ont baptisé du nom de *furia francese*. De cela, les batailles de la Marne, de l'Yser, d'Ypres et de Verdun témoignent surabondamment, après toute l'histoire de France, depuis Alésia jusqu'à la campagne de 1870, en passant par les guerres de la Monarchie, de la Révolution et de l'Empire.   1919. P. Gaultier.

Les enfants de la France ont guerroyé en Italie, en Afrique, en Syrie, en Chine, en Cochinchine, au Mexique. Ainsi, la nation qui se targue de marcher à la tête de la civilisation, continue de porter au loin les ténèbres

---

(1) La guerre a fait perdre à la France *trois* millions d'habitants ! Les opérations de révision de la classe de 1921 ont reconnus « bons pour le service militaire » seulement 165.000 jeunes gens sur 300.000 ! N'est-ce pas une réelle preuve de dégénérescence et Taine n'avait-il pas raison ? Le bel effet de la déchristianisation !

et la désolation un lieu des lumières et des bienfaits de la science moderne.
1870. P. Larroque (1801/79).

La France a fait de tout temps grande figure de guerrière... Trop souvent la France gaspilla un sang généreux à l'ambition d'un grand chef de guerre. 12. XI. 1914. **Abbé Juliien** (archiprêtre du Havre).

La France n'a pas [encore] ses frontières naturelles !!!
1. I. 1921. C. Barrère (1851/...).

La France est une des cinq grandes Puissances capables d'avoir pour champ d'action la planète entière !!!
XII. 1910. G. Hanotaux (1853/...).

Quelle destinée que celle de la France ! Quelle incomparable histoire !
1920. **Ch. Moureu.**

... Ceux qui ne craignent pas d'exciter des Mongols et des Nègres contre la race blanche, offrant ainsi au monde civilisé le spectacle le plus honteux qu'on puisse imaginer, sont certainement les derniers qui aient le droit de prétendre au rôle de défenseurs de la civilisation européenne...
30. X. 1914. *Manifeste des 93.*

Les Français ont moins de confiance dans la force conquérante des idées morales que dans la force défensive des forteresses et des canons... Nous [Français] ne croyons plus à la force invincible des idées !...
14. II. 1920. A. Lamandé.

En témoignant à M. W i l s o n, non de la reconnaissance, mais de l'hostilité ou du dédain, certains Alliés, les Français... en tout premier lieu, montrent que leur conception de la politique de violence a pour eux le pas sur tout système international basé sur le droit aux mains de la collectivité des peuples. 7. XI. 1920. *La Libre Belgique.*

La France est dominée par le parti militariste.
III. 1920. **W. Wilson** (1856/...) (1).

— Et vous, qui faites ces citations, que pensez-vous de la France ?

— *Avec le plus profond respect, nous rappelons qu'elle a donné à l'Humanité : A m p è r e , C a u c h y et P a s t e u r* (2) !

---

(1) L'affirmation de M. W i l s o n semble avoir quelque fondement. En effet, M. L a n g e, à la Société des Nations, avait proposé que les gouvernements fussent tenus, dès l'adoption de leurs prochains budgets militaires, de ne pas dépasser pendant deux ans les chiffres globaux prévus par l'exercice précédent. Pendant ce temps, la Société des Nations organiserait son outillage pour la réduction, simultanément ou parallèlement, des armements. Cette proposition fut votée à l'unanimité, sauf par la France !

Du reste, plusieurs hautes personnalités britanniques soupçonnent aussi la France de nourrir des ambitions impérialistes.

(2) Il nous plaît de dire que nous aimons chaleureusement la France. Nous déplorons seulement qu'elle ait été avilie et gangrenée par l'irréligion, qui lui a fait un tort infini. Mais elle se relèvera, il faut l'espérer. Quant à la capitale française, il faut distinguer le Paris désœuvré et jouisseur, le Paris-Sodome, du Paris vraiment intellectuel, travailleur et honnête.

ALLEMAGNE.

Ces gens de Genève à [la Société des Nations], lorsqu'ils entendent parler de l'Allemagne, se signent comme lorsqu'au moyen-âge on prononçait le nom du diable dans une église !   20. XI. 1920. **Millet.**

L'ennemi même loue son adversaire, s'il fait ce qu'il doit.
Pindare (—520/—440).

On avale à pleine gorgée le mensonge qui nous flatte, et l'on boit goutte à goutte une vérité qui nous est amère. **Diderot** (1713/84).

Il est fort facile de se faire acclamer lorsqu'on hurle aux chausses des Allemands.   8. XII. 1920. **E. Vandervelde** (1866/...).

Patriotes, ne soyons pas chauvins. Respectons, au-dessus de tout, la Vérité.   Env. 1. VI. 1919. **Card. Mercier** (1851/...).

Il faut en tout temps rendre hommage à la vérité, à moins d'être le « misérable coquin » de la vieille chanson de l'étudiant allemand.
1918. **Erzberger** (1875/...).

Rejeter en bloc toute la culture allemande et n'y rien voir de bon à prendre, serait faire preuve d'inintelligence ou d'ignorance.
3. I. 1920. **Mgr A. Baudrillart** (1859/...).

Le peuple allemand possède des qualités remarquables, qu'il serait puéril de méconnaître.   1916. **M. De Wulf** (1867/...).

Nous devons aux Germains l'idée de la liberté individuelle.
F· P. G. **Guizot** (1787/1874).

Il est dans les traditions chevaleresques de la France de rendre hommage au courage d'un adversaire. On doit [à l'Allemand] de reconnaître qu'à défaut d'autres vertus, l'esprit de sacrifice est, chez lui, presque illimité...
17. XI. 1914. **R. Rolland** (1866/...).

[Pendant la grande guerre], les soldats [allemands] furent très braves et très endurants...   3. I. 1920. **Mgr. A. Baudrillart** (1859/...).

Au premier regard, l'évidence éclate que la race allemande possède toutes les vigueurs de l'énergie créatrice, qu'elle est laborieuse, patiente, ordonnée, infatigable.   1915. **Et. Lamy** (1845/1919).

Personne ne conteste aux Allemands le goût du travail, la persévérance, l'esprit d'ordre et de méthode, surtout dans les œuvres collectives.
XI. 1916. **G. Le Bon** (1842/...).

Le Germain est persévérant, mais non routinier [contrairement au Français].   1920. **G. Le Bon** (1842/...).

Les Allemands sont fiers, à juste titre, de leurs qualités d'application, de persévérante énergie, de probité scientifique, d'ordre et de discipline surtout...   V. 1907. **H. Lichtenberger** (1864/...).

L'organisation allemande est telle que tous les autres pays ne font que chercher à l'imiter et cela dans presque tous les domaines... Les organisations des Français sont friables. 1916. **Ch. Gide** (1847/...).

Il est incontestable que, présentement, l'Allemagne est mieux organisée que nous [Français].   1916. **Mgr. A. Baudrillart** (1859/...).

L'Allemagne a étonné depuis un demi-siècle le monde par son sens de l'ordre et de la méthode, la sagesse de son organisation intérieure, son

travail incessant, son goût pour la science et l'application qu'elle en a
su faire à la création d'une invraisemblable prospérité.

II. 1915. E. Perrier (1844/...).

Les Allemands se sont trouvés tellement bien adaptés à l'évolution
industrielle moderne, qu'en peu de temps, ils ont émergé d'un niveau
assez inférieur jusqu'aux premiers rangs de la civilisation.

1920. G. Le Bon (1842/...).

Quelle barbarie !

Le développement de l'Industrie allemande, au cours du dernier demi-
siècle fut prodigieux... Une des grandes forces de l'industrie allemande
est l'esprit d'association, que le peuple allemand possède à un haut degré...
En France, il y a absence de véritable association de différentes industries
chimiques avec une organisation propre (1).   1920. Ch. Moureu.

L'Allemagne a une puissance de production formidable.

20. I. 1921. A. Briand (1862/...).

Pendant quarante ans, ce peuple rapace, ce parvenu de la fortune,
aiguillonné par un orgueil (2) fanatique a accumulé... tous les instruments
de la vie industrielle et commerciale... De cet outillage formidable, de
cet immense effort a surgi, lourd et imposant comme la *Germania* elle-
même, le colosse industriel dont on peut mesurer la grandeur par un
chiffre : 24 milliards d'exportation ! 1915. Hébrard de Villeneuve.

La prospérité industrielle de l'Allemagne tient du prodige.

1919. P. Gaultier.

L'Allemagne n'a eu garde de tomber dans nos erreurs et nos préjugés...
[à nous, Français]. Elle a vu justement, dans l'union de la Science et de
l'Industrie, la plus féconde des sources de prospérité (3).

1920. Ch. Moureu.

Ce serait commettre une erreur grave que de s'imaginer qu'en Amé-

---

(1) En Allemagne, la plupart des grandes usines possèdent un ou
plusieurs laboratoires de recherche comparables aux plus parfaits des
meilleurs Universités, une magnifique bibliothèque, un service d'expéri-
mentation physiologique des produits supposés utilisables en thérapeu-
tique, etc., etc.... La plus large publicité est faite autour des produits
commerciaux, et cela dans toutes les langues, sans en excepter le Japo-
nais, le Chinois et le Persan. Les voyageurs de commerce sont tous des
chimistes ayant fait de bonnes études, et leur instruction technique
leur permet de donner à leurs clients des conseils et des explications
d'une réelle consistance... En France... on n'exige des voyageurs de commerce de produits chimiques, aucune connaissance technique; ils ignorent en général la composition des produits à placer et souvent ses applications !   1920. Ch. Moureu.

(2) L'envie et le dépit chauvins font dire « orgueil » pour « ambition ».
Il fallait, pour que l'auteur fut satisfait, qu'il employât un terme mé-
prisant !

(3) C'est cette union que nous, Belges, allons tâcher de copier. En
effet, déjà sous l'occupation, des Commissions spéciales avaient fonc-
tionné, étudiant la réforme de l'enseignement technique supérieur, dans
le but d'établir, à l'université même, des connexions étroites entre l'enseignement technique et l'industrie, de façon à faire bénéficier celle-ci
de toutes les découvertes de la science. C'est exactement ce qu'on a fait
en Allemagne, depuis plus d'un demi-siècle !

rique... on manque à reconnaître les immenses obligations que le monde
a contractées envers l'Allemagne... Les Américains ont admiré sans réserve
l'essor de l'industrie et du commerce de l'Allemagne...La pensée américaine
est profondément reconnaissante à la nation allemande pour l'œuvre
magnifique qu'elle a accomplie depuis un siècle, dans le domaine de la
science, des lettres et de l'instruction publique... Il lui paraîtrait inouï, intolérable, qu'aucune puissance, aucune influence extérieure entreprit
jamais d'arrêter ou de ralentir les progrès de l'Allemagne dans ce domaine.
Tous les Américains reconnaissent que l'administration allemande —
en temps de paix comme en temps de guerre — est la mieux ordonnée
qui soit au monde. Les résultats qu'elle obtient leur paraissent commander
le respect et l'admiration. 28. IX. 1914. **W. E. Eliott.**

Barbarie !

L'Allemand est un homme qui sait plus qu'il ne saurait exprimer...
C'est un homme d'honneur et de probité. **Oxenstiern (1641/1707).**

On a toujours cette ressource avec lui de pouvoir discuter (1) : son
esprit docile est accessible aux arguments.
17. XI. 1914. **R. Rolland (1866/...).**

Les Allemands sont de bonnes gens ; ils paroissent d'abord sauvages
et fiers. Il faut les comparer aux éléphants, qui paroissent d'abord terribles;
ensuite on les caresse, ils s'adoucissent... Le peuple d'Allemagne est un
bon peuple... **Montesquieu (1689/1755).**

Comparée à celle de ses voisins, l'histoire d'Allemagne est singulièrement
exempte d'épisodes sanglants. On n'y rencontre ni guerres civiles, ni
guerres de religion, ni « journées » ni massacres comme ceux qui abondent
en France, en Angleterre, en Italie ou en Belgique...
23. XII. 1920. **H. Pirenne (1862 /...).**

L e s s i n g déclarait ignorer cette faiblesse qu'on appelle patriotisme,
G o e t h e rêvait de fonder une littérature européenne et des Etats Unis
d'Europe, K a n t avait écrit un projet de paix perpétuelle, et S c h i l l e r
avait passé la moitié de sa vie à chercher les moyens de pacifier les hommes
en les rendant accessibles à la culture esthétique. **X.**

Il n'y a dans l'ensemble de l'Allemagne aucune haine réelle contre la
France... Les nouvelles générations allemandes, les jeunes classes que
l'on vient de mener à l'abattoir d'Ypres et de Dixmude, comptaient les
esprits les plus purs, les plus idéalistes, les plus épris du rêve de fraternité universelle. 17. XI. 1914. **R. Rolland (1866/...).**

... Comment les peuples se pénétreront-ils si le Français est incapable
d'admirer la grandeur de l'esprit et les beautés de l'âme allemande ?
1904. **A. Naquet (1834/1916).**

J'admire la profondeur sentimentale des Germains, et je sacrifierais
beaucoup des qualités des Gaulois pour quelques-unes de ceux-ci.
1912. **M. Sembat (1862/...).**

---

(1) [En France] les réunions publiques [électorales] sont transformées
en des salles de pugilat où l'on joue de la savate, du chausson et même
du couteau. 22. I. 1921. **Jean-Bernard.**
La libre-pensée, le libre-examen. la libre-discussion mis en pratique [

Je ne suis pas de ces Français qui traitent l'Allemand de barbare. Je connais sa grandeur intellectuelle et morale... Je suis le fils de B e e t - h o v e n , de L e i b n i z et de G o e t h e.

2. IX. 1914. R. Rolland (1866/...).

Je sais combien de cœurs excellents, modestes, affectueux, incapables de faire le mal et presque de le concevoir, font encore aujourd'hui la richesse de l'Allemagne... Je sais combien d'intelligences obstinées, intrépides, travaillent sans relâche, dans la science allemande, à conquérir la vérité. 30. X. 1914. R. Rolland (1866/...).

La carrière scientifique est fort honorée Outre-Rhin !

15. I. 1920. M. Barrès (1862/...).

... [La langue allemande] est parlée par 60.000.000 d'hommes dont beaucoup sont des savants. 15. VII. 1904. H. Poincaré (1854/1912).

Au XVIe siècle, sur 176 savants, on en trouve 39 d'Allemands, soit 20 p. c. ; au XVIIe, 15 p. c. ; au XVIIIe, 14 p. c. ; dans la première moitié du XIXe, 26 p. c. ; dans la seconde moitié, 46 p. c. Sur 58 prix Nobel, attribués de 1901 à 1912 inclus, 17, soit près de 30 p. c., sont allés à des Allemands. V. 1916. W. Ramsay (1852/1916. IX.).

Est-ce si mal pour des Barbares ?

En aucun pays du Monde le Savant ne tient une aussi grande place qu'en Allemagne... Les Savants... non seulement y ont de belles situations matérielles, mais en outre ils jouissent, dans tous les milieux, de la plus grande considération et sont comblés d'honneurs.

1920. Ch. Moureu.

[En Allemagne] la haute situation que [le savant] occupe dans la Société, le prestige qui l'entoure, suscitent des ambitions, amènent une émulation qui aboutit à la constitution de cette élite de travailleurs dont sont peuplées toutes les branches de l'Enseignement Supérieur.

1920. A. Haller (1849/...).

En France, l'Université n'a qu'une influence très limitée... Nos Facultés de lettres et des sciences n'ont aucun rôle dans l'éducation nationale, ou, si l'on préfère, n'ont qu'un rôle d'exception. En Allemagne, l'Université fait partie intégrante de la vie de la patrie... L'influence de la science se maintient dans toutes les classes de la société.

IV. 1916. C. Jullian (1859/...).

La liberté absolue dans les doctrines... dont nous avons été sevrés si longtemps en France, est un des plus beaux apanages des Universités allemandes. 1920. Ch. Moureu.

Les universités allemandes sont d'une supériorité écrasante [sur les universités françaises] (1). 1905. G. Lippmann (1845/...).

---

(1) On s'explique ainsi que parmi les Belges qui allaient, avant la guerre, compléter leurs études supérieures à l'étranger, 97 °/₀ choisissaient l'Allemagne :

Nos quatre universités... expédiaient leurs plus brillants éléments au delà du Rhin, malgré la communauté de langue et les attraits de Paris... à la plus grande gloire de l'Allemagne. II. 1921. J. Cuvelier.

Actuellement, cette proportion est tombée à zéro. Nous n'avons plus besoin des services de la Germanie ; nous sommes donc devenus bien forts !

La science allemande ne recule devant aucune tâche, si ardue et si étendue qu'on la suppose ; elle excelle dans l'accomplissement d'œuvres capables d'effrayer ceux qui redoutent les longues fatigues... et partout où la plus minitieuse exactitude est de rigueur.

15. II. 1915. P. **Duhem** (1861/1916).

Le tempérament allemand accomplit sans défaillance et sans répugnance des travaux d'observation et de documentation qui font souffrir violence aux esprits latins. Voilà pourquoi certains départements scientifiques sont devenus une sorte d'apanage germanique.

1916. M. **De Wulf** (1867/...).

On connaît toute l'insuffisance de la documentation française à l'encontre de la documentation allemande, qui, elle, constitue un tout très complet... Ces publications d'Outre-Rhin [sont] pratiquement indispensables dans les bibliothèques et les laboratoires des deux continents.

1920. Ch. **Moureu.**

C'est en langue allemande que les savants de toutes les nations [sont] renseignés au jour le jour des transformations de la Science.

12. VI. 1920. M. **Barrès** (1862/...).

L'Allemagne a été au XIXe siècle un des grands foyers des études historiques... Toute une pléiade d'écrivains, d'érudits, d'archéologues, de paléographes s'est abattue sur le passé. Elle a catalogué, déchiffré, analysé, explorant tous les peuples et soulevant tous les problèmes.

1915. **Imbart de la Tour** (1860/...).

Gardons-nous de ne voir chez les Allemands que des publicateurs de documents. Ils ont abordé avec entrain et décision tous les genres de travail historique... Ces histoires romaines de N i e b u h r, de S c h w e-g l e r, de M o m m s e n... ont été créées les reins très solides, les organes sains et la face très belle. IV. 1916. C. **Jullian** (1859/...).

Devant ce que le professeur et le savant [allemands] ont fait et fait faire [dans le domaine des grands travaux de l'érudition] il faut s'incliner très bas... IV. 1916. C. **Jullian** (1859/...).

Le travail scientifique a, chez les Allemands, une intensité, une pénétration qu'on ne retrouvera chez aucune nation du monde. Toutes les classes de la société y prennent part. Du chancelier au cabaretier, du banquier au garçon de café, vous saisirez toujours des bribes de la science archéologique. IV. 1916. C. **Jullian** (1859/...).

Pour la physiologie, de 1850 à 1910, on trouve 48 p. c. de travaux en allemand ; 30 p. c. en français ; 12 p. c. en anglais ; 6 p. c. en italien.

V. 1916. Ch. **Richet** (1850/...).

Depuis une quarantaine d'années, l'Allemagne avait pris par sa production une place des plus importantes dans les sciences biologiques... L'anatomie, l'histologie, la cytologie, l'embryologie et la zoologie sont représentées en Allemagne par au moins quatre fois plus de périodiques qu'en France, et la fécondité de ces périodiques est plus de dix fois celle des nôtres. IV. 1916. F. **Henneguy.**

L'Allemagne a le droit d'être fière de ses chimistes.

V. 1916. P. **Deschanel** (1857/...).

La proportion des chimistes français est de l'ordre du dixième de celle des chimistes d'outre-Rhin. 1920. **Ch. Moureu.**

Devant l'accumulation des mémoires de chimie physique qu'en 25 ans W. O s t w a l d a fait éclore, on est stupide d'admiration... A ce labeur expérimental immense, la France ne peut opposer sur les mêmes questions, qu'un peu de médiocre... Vous vous *gondolerez* d'apprendre que, depuis la guerre, nos illustres savants [Français] ont découvert que la chimie physique est une science française ! 1917. **H. Bouasse** (1866/...).

Tous les peuples ensemble n'ont point fait autant que les Allemands pour le développement de la chimie organique depuis un demi-siècle. V. 1916. **A. Dastre** (1844/1917).

La Chimie Médicale est bien peu encouragée en France, tandis qu'en Allemagne des services complets de Chimie sont annexés aux grandes chaires de Médecine. 1920. **Ch. Moureu.**

Les grands établissements allemands de produits chimiques représentent, sous le rapport [de l'organisation], de véritables modèles. 1920. **A. Haller** (1849/...).

...Faut-il s'étonner de la supériorité écrasante de l'ensemble des industries organiques allemandes sur l'ensemble des industries organiques françaises ? 1920. **Ch. Moureu.**

Un caractère qui distingue la science allemande me semble son profond esprit d'analyse... Quand les Allemands se mettent à traiter un problème, une question, ils ne laissent pas grand'chose à faire aux autres... 1915. **J. Boccardi.**

La science allemande est des plus imposante par son étendue, sa masse, la façon dont elle est organisée... (1) V. 1916. **M. Boule** (1861/...).

La production scientifique allemande s'accrut pendant ces quarante dernières années au point de submerger le monde. L'esprit se perd au milieu de tous les travaux issus des laboratoires germaniques... Mieux que chez nous, on a compris, de l'autre côté du Rhin, quelle était la force dominatrice de la science. En dehors des résultats immédiats profitables aux sciences appliquées, la science pure rayonne une auréole qui, autant et plus qu'une couronne impériale, nimbe la nation qui la porte. 1915. **P. Achalme.**

L'Allemagne est sans conteste le pays où les presses des imprimeries scientifiques travaillent le plus. 1915. **E. Picard** (1856/...).

In generale... i libri francesi [scientifici] oltre che per una certa superficialità, accompagnata però da un modo di esposizione brillante ed attraente, peccano per la non conoscenza delle cose non francesi e spesso per lo loro voluta trascuranza, e questo sia per ifatti, sia per la letteratura considerata. 1. II. 1921. **A. Mieli.**

Je n'oserais affirmer que la part d'invention soit plus grande dans les travaux français que dans les travaux [scientifiques] allemands. V. 1916. **Ch. Richet** (1850/...).

---

(1) Voici toutefois une opinion opposée, mais d'une autorité qui paraît discutable :
La méthode scientifique allemande est surtout une méthode pour se dispenser de penser. XII. 1914. **Warner Fite.**

L'Allemagne peut être fière de montrer ses palais universitaires ; ses riches laboratoires, ses grandes bibliothèques, l'énormité de ses publications et de ses périodiques, la nombreuse population scolaire qui entoure les maîtres et qui travaille avec conscience sous leur direction. A cet égard elle est un modèle.   IV. 1916. **A. Dastre** (1844/1917).

L'hégémonie de la science allemande était [en 1914] acceptée sans conteste par la grande majorité de nos savants français. La production scientifique germanique est au moins égale à celle de toutes les autres nations réunies.   V. 1916. **F. Henneguy.**

[On constate chez les Allemands] une haute culture scientifique, une technique poussée à un haut degré de perfection, une intelligence avertie, une vaste érudition...   1919. **P. Gaultier.**

Les Allemands sont réellement bien doués.   1916. **L. Lévy–Bruhl** (1857/...).

Le cerveau allemand et surtout le cerveau prussien a une tendance naturelle pour l'abstraction (1).   VII. 1915. **P. Achalme.**

L'abstraction, c'est la fonction caractéristique et par suite la perfection naturelle de l'intelligence humaine.   1893. **D. J. Card. Mercier** (1851/...).

L'Allemagne est le grand réservoir de l'intelligence.   2. IV. 1920. **Nitti.**

L'Allemagne a rendu d'incontestables services à la civilisation.   3. I. 1920. **E. Seillière** (1866/...).

Mais non ; ce sont des Barbares !

Quand on a enlevé à la nation française l'Alsace et la Lorraine allemande, on ne lui a pas ôté seulement des champs et même des hommes. On lui a arraché un esprit, celui de la race germanique.   1872. **Edg. Quinet** (1803/75).

Les Allemands ont une souplesse d'esprit qui leur facilite l'intelligence de toutes les productions étrangères, une instinctive impartialité qui les rend capables de comprendre et de juger les autres peuples avec une entière objectivité, une certaine universalité de dons et d'aptitudes.

...Les Allemands sont, en un mot, « la plus humaine de toutes les nations » la mieux faite, par conséquent, pour réaliser un jour cette synthèse harmonieuse de tous les éléments de la nature humaine dont les Grecs ont donné l'exemple, et qui est le but où tend l'époque moderne.   V. 1907. **H. Lichtenberger** (1864/...).

L'Allemagne est le cœur de l'Europe et comme, dans l'organisme, le cœur a pour fonction de faire circuler à travers les membres un sang qui renouvelle les parties vieillissantes et fortifie les plus jeunes, ainsi l'Alle-

---

(1) Les notions les plus abstraites sont souvent celles qui portent avec elles une plus grande lumière.   **J. le Rond d'Alembert** (1717/83).
La vérité générale et abstraite est le plus précieux de tous les biens...; elle est l'œil de la raison.   **J. J. Rousseau** (1712/78).
En un sens, ce sont les abstractions qui mènent le monde.   **E. Renan** (1823/92).

magne a pour mission de rajeunir par la diffusion du sang germanique les
membres épuisés de la vieille Europe.   1876. A. Hummel.

Que l'Allemagne soit le cœur et l'âme du monde !   Lagarde.

Quelle horreur !

Dieu nous donne de voir une grande et puissante Allemagne !
                                             J. Michelet (1798/1874).

J'ai pleine confiance dans l'avenir de l'Allemagne. Le peuple allemand
travaille... et ne peut déchoir.   4. I. 1921. G. Giolitti (1843/...).

La Prusse est notre alliée naturelle... [à nous Français].
                                             Danton (1759/94).

Si la France disparaissait, nous ne serions pas pour cela sans patrie ;
nous en aurions d'autres.   A. Fouillée (1838/1912).

L'Allemagne est la seconde patrie de tous les hommes qui étudient
et qui pensent (1).   1871. G. Monod (1844/1912).

RUPTURE DES RELATIONS INTELLECTUELLES
AVEC LES CENTRAUX.

Le 14 décembre 1917, M. G. L e c o i n t e, membre de l'Académie
royale de Belgique, écrivait ceci : « Les Alliés ont à rompre... dans la
plus large mesure possible, les relations intellectuelles avec les Empires
du Centre et les peuples soumis à leur influence... *Nous ne devons pas*

---

(1) On l'aura constaté, le plus grand nombre de ces citations émanent
de membres de l'Institut de France et *ont été publiées pendant les hostilités, en pleine guerre* ! C'est faire un peu banal éloge des grands savants
français que de signaler cette impartialité. Le chauvinisme, qui est une
des plus haïssables passions, ne les a pas contaminés. Hélas ! il s'en faut
de beaucoup qu'on puisse dire la même chose de tous les savants belges !
Si un d'eux se permettait de suivre le conseil de leur grand cardinal :
« patriotes, ne soyons pas chauvins, respectons au-dessus de tout la
vérité », s'il se permettait de reconnaître les qualités allemandes, il serait
haï, malmené, vilipendé par ses confrères, on le montrerait du doigt,
il ne serait plus admis dans les salons, on le traiterait comme un pestiféré,
les officiels, surtout, le persécuteraient et l'Académie royale de Belgique
le vouerait aux gémonies !
L'impartialité des grands et vrais savants français a provoqué chez
leurs confrères chauvins un dépit peu ordinaire, qui s'exhale de leur
prose fétide :
L'abus des victuailles et des boissons... amène dans le « grand sympathique » des Allemands des modications qui expliquent leur lourdeur
d'esprit, leur grossièreté et leur brutalité... — Leur intestin a subi une
régression évolutive qui l'a ramené au type de l'intestin des Bovidés...
— L'odeur des secrétions sudorales des Allemands rappelle le tan pourri,
la punaise des bois, etc.   1915. F... — M. Baudouin — Dr Bérillon.
Par respect pour le lecteur, arrêtons-nous ici. Cet échantillon d'amé-
nités peu chrétiennes suffit à montrer où peut conduire le chauvinisme.
Du reste, si, comme nous l'avons dit plus haut, les grands savants
français sont impartiaux quand ils écrivent dans le silence et l'isolement de leur cabinet, ils ne le sont plus dans leurs assemblées. Leur
psychologie devient alors celle des foules. Nous en reparlerons bientôt.

nous arrêter à la question de savoir si le progrès intellectuel général de l'Humanité souffrira de cette lutte » (1).

L'Académie royale de Belgique et l'Institut de France ont souscrit à cette singulière proposition !

En octobre 1918, les Académies de l'Institut émirent le vœu suivant : « Il est désirable que les nationaux des pays de l'Entente et des Etats-Unis... ne prennent part à aucune entreprise scientifique où collaboreraient des nationaux de ces Empires ».

A la même époque, M. G. L e c o i n t e réclama en outre la mesure radicale et un peu forte de la « radiation de nos compagnies savantes des associés étrangers » appartenant aux pays avec lesquels nous fûmes en guerre. M. E. P i c a r d, l'illustre mathématicien français, qui n'est pas suspect de germanophilie (mais qui est trop cultivé pour figurer parmi les plus chauvins) jugea cette décision draconienne et il opina avec beaucoup de sagesse que « la suspension » était bien suffisante.

Parmi les mesures proposées et admises par la *Conférence interalliée des Académies scientifiques* (Londres et Paris, octobre-novembre 1918), se trouve celle-ci (2) : « Il serait publié une liste interalliée nominative de ceux [des particuliers] qui s'écarteraient de la règle. Ceux-ci seraient exclus de tous les emplois publics et ne recevraient plus aucune distinction honorifique; les distinctions qu'ils possèderaient déjà leur seraient enlevées, etc., etc. » (3)

On voit quel danger menace celui qui oserait remettre en question les relations intellectuelles (4) avec les Centraux ! Il faudrait donc que tout le monde admît, sans pouvoir les discuter, les graves résolutions de la *Conférence*, bien qu'elles marquent un tournant sans précédent dans l'Histoire des Sciences !

Eh bien ! non, mille fois non : nous voulons conserver notre indépendance, nous revendiquons le droit de poser la question et nous affronterons les foudres de Jupiter !

Est-il bien sûr que même l'Institut de France ait l'autorité suffisante pour imposer son ultimatum à l'Univers ? Est-il bien certain que l'illustre

---

(1) Quelques personnalités sont allées beaucoup plus loin encore : elles ont suggéré de ne plus accepter dans nos bibliothèques les publications des Puissances Centrales et d'agir auprès des neutres pour qu'ils adoptent des mesures semblables !!! Nous ne plaisantons pas : nous rapportons les paroles très graves de M. G. L e c o i n t e. Il y a des gens qui se font de singulières illusions !

(2) Voir : *Bull. Acad. R. Belg.*, janvier 1919, p. 46.

(3) Cela ne ressemble-t-il pas un peu à l'Inquisition, tant décriée par les francs-maçons, nombreux à l'Académie belge, cette Compagnie qui semble n'être pas plus indépendante de la politique que des côteries mondaines.

(4) Bien entendu, il ne s'agit pas des relations commerciales, qui ont été renouées, il y a deux ans ! L'Angleterre a renoncé au bénéfice de l'article 18 du fameux Traité de Versailles ; et voyant que la France veut consommer la ruine du port d'Anvers, la Belgique a abandonné le même privilège... Il a été décidé qu'Anvers desservirait de nouveau l'Allemagne. La Belgique fait donc commerciale risette à la Germanie, mais pas encore risette scientifique !

Compagnie jouisse de l'Infaillibilité ? Il sera bien permis de dire, malgré tout le respect qu'on lui doit, qu'elle s'est parfois trompée lourdement (1). Il ne faut pas trop s'en étonner :

Les altérations de l'intelligence sont la conséquence des illusions engendrées par l'hypertrophie de certains sentiments.

1920. G. Le Bon (1842/...).

Tous les grands bouleversements : guerres, révolutions, etc., provoquent un affaissement de l'esprit critique. Le jugement s'évanouit et la faculté de voir les choses comme elles sont disparaît.

Nov. 1916. G. Le Bon (1842/...).

Et l'on ne sait que trop combien la terrible épreuve de 1914-8 a ébranlé les nerfs et le cerveau de l'Humanité !

Dès que les hommes sont réunis, même en société savante, ils deviennent *peuple*.   A . H . **de Beauchêne** (1804/73).

On assemble un grand nombre de personnes quand on a envie de ne rien faire qui vaille.   5. XII. 1605. **Henri IV** (1553/1610).

Il est rare qu'une assemblée raisonne, elle est trop promptement passionnée.   **Napoléon** (1769/1821).

Dès qu'un certain nombre d'individus se trouvent réunis, leur personnalité ne tarde pas à disparaître et à se fondre dans l'atmosphère ambiante. *Les facultés intellectuelles cèdent le pas aux facultés instinctives.*

16. VI. 1906. R . **de Flers**.

Quand plusieurs hommes sont rassemblés, leurs têtes s'estrécissent.

Montaigne (1533/92).

Comme on est bête quand on est beaucoup !   G . **Sand** (1804/76).

Les Académies n'ont jamais, en aucun temps et nulle part, pris l'initiative des progrès de l'esprit humain : l'initiative est chose individuelle.

20. X. 1895. M . **Berthelot** (1827/1907).

Nous avons dénoncé la stérilité des Académies, oui, Messieurs [les Académiciens !] et surtout la nuisance de l'esprit académique, de cet esprit tenacement attaché aux traditions, et systématiquement hostile aux apporteurs de neuf.   16. II. 1921. J . **Destrée** (1863/...). (2)

---

(1) Il y a maintes histoires que l'Académie des Sciences de Paris voudrait que l'on pût effacer de ses annales ! Pour faire court, bornons-nous à en évoquer deux. L'une, relative à des autographes de P a s c a l, dura trois ans, au XIXᵉ siècle (1867-1869), et s'étendit sur cent pages des *Comptes-rendus* ; c'est l'affaire V r a i n-L u c a s. Une autre, plus mémorable et si possible plus colossale encore (parce qu'elle intéresse plus directement la science), eut lieu au XXᵉ siècle (en 1904). On pourrait signaler aussi que l'un des plus illustres représentants de l'Académie, H. P o i n c a r é, soutint, en physique, des bêtises retentissantes, notamment au sujet de la dispersion du vide et des courants de convection. — D'aucuns trouveront peut-être qu'il eût mieux voulu passer ces choses sous silence. Mais nous pensons, à peu près comme H. B o u a s s e, que le récit des sottises passées sert à mettre le public en garde contre les sottises présentes ou futures.

(2) M. le ministre D e s t r é e ayant consulté l'Académie des *Sciences* pour se renseigner soi-disant sur la valeur « scientifique » de candidats à des chaires universitaires, l'Académie lui répondit par des considérations *politiques* (!) et le ministre les prit pour l'Evangile ! Peut-être le ministre aura-t-il commencé à voir qu'il était trompé. Voici ce qui le fait penser.

Les premiers et les plus importants progrès de l'esprit humain étant toujours le résultat de l'initiative et des efforts individuels, n'eût-il pas mieux valu laisser aux intellectuels la liberté la plus complète et ne pas chercher à entraver les relations scientifiques (1) ?

A-t-on songé aux innombrables difficultés qui vont surgir ? La haine aveugle !

Par les mesures draconiennes que l'on a prises, ne va-t-on pas faire le jeu des Centraux ? Mieux avisés que nous, ceux-ci maintiennent les institutions dont nous, Alliés, sommes détachés et, petit à petit, englobent les Neutres, à qui nous devenons de plus en plus impopulaires et antipathiques. Et n'est-il pas à prévoir que, si cela continue, la direction du mouvement intellectuel international ne reste aux mains de nos ennemis ?

Convient-il que les savants se détournent de telle ou telle personnalité dont ils admirent l'œuvre scientifique et avec laquelle ils avaient noué, avant la guerre, les relations les plus cordiales ? Le culte du Vrai ne devrait-il pas former un lien assez solide pour résister à l'épreuve des conflits internationaux ? Le développement des Sciences ne requiert-il pas la collaboration de toutes les nations civilisées ? Ne devrait-on pas établir des relations amicales, de plus en plus intimes, entre les Savants des différents pays, en dépit des divergences politiques, volontairement laissées dans l'ombre ?

Mais, répondra-t-on peut-être, nous, Alliés, sommes tellement supérieurs aux Centraux, en particulier aux Allemands, que nous ne devons pas frayer avec eux et que nous devons même les mépriser. Au point de vue scientifique, cette objection ne nous paraît pas mériter une réfutation. Et, au point de vue moral, est-il bien certain que nous, Alliés, soyons parfaits et que nous détenions le monopole du Bien ? Nos anciens adversaires personnifient-ils le Mal ? Les citations autorisées des rubriques précédentes ne nous engagent-elles pas à être modestes et ne nous interdisent-elles pas de répondre trop affirmativement ?

Écoutons un ancien secrétaire perpétuel d'une Académie de l'Institut de France :

Comme les 93 intellectuels allemands se sont disculpés d'un mot, parce que la souillure répugne à la pureté de l'âme allemande, une dialec-

---

Récemment, l'Académie royale de Belgique insista de nouveau auprès du Gouvernement pour qu'il la consulte préalablement à certaines nominations. Comme suite à cette requête, le Conseil de Cabinet du 28 février 1921, se défiant des indications passionnées et partiales de l'Académie, vient de prendre la décision (qui, pour être exprimée poliment, n'en est pas moins cavalière !) de ne plus s'inquiéter des avis de l'Académie ! Est-ce un bien ? Est-ce un mal ? Le Gouvernement n'a absolument aucune compétence scientifique ; l'Académie en aurait, au moins dans certains domaines, grâce à quelques hommes de haute valeur, si la grande majorité des membres n'étaient ou des cancres ou des « libres-penseurs » qui se comportent tout à fait comme s'ils étaient de mauvaise foi ! Alors... !

(1) Chose incroyable pour qui se paie de mots, les « libres-penseurs » (!?), qui se croient plus intelligents que les autres et qui se posent volontiers comme les seuls protecteurs de la Science, sont les plus décidés à mettre tous les obstacles possibles à la réconciliation entre les intellectuels !

tique non moins sommaire [celle de la réponse de l'Institut de France] tend à reconnaître l'immanence de la corruption dans toute leur nature [allemande], à invoquer la vraisemblance de chaque laideur comme la preuve d'une autre tare... Certes, notre partialité ne serait que trop explicable. Il y a un soulagement à vouloir scélérats ceux par qui l'on souffre et une joie de représailles à refuser toute justice à ceux dont on n'en espère aucune. Mais est-ce aimer moins son pays de croire que les gros mots servent peu les grandes causes ?... L'outrage n'ajoute rien à la culpabilité de celui qui le reçoit, il ôte quelque chose à la dignité de celui qui le lance... Pour que les Allemands se reconnaissent dans nos peintures et s'amendent, il ne faut pas les faire plus noirs qu'ils ne sont... Au lieu de contester à l'Allemagne les supériorités qui lui appartiennent, comparons à celles qu'elle possède celles qui nous manquent... C'est un deuil de plus dans tant de deuils s'il faut porter une sentence capitale contre une grande famille du genre humain. Et ce serait un soulagement qu'il y eût moins à haïr et moins à condamner...

... L'excommunication majeure qui, en formules absolues, retranche de l'humanité une famille humaine, donne des ampleurs sonores et comme infinies à la haine... ostentatoire et creuse...

1915. Et. Lamy (1845/1919).

Les opérations commerciales ont été reprises. Les relations intellectuelles tendent à se renouer et rien ne pourra y faire obstacle. Bien inspiré, le Gouvernement français, mettant fin à la prohibition qu'il maintenait depuis l'armistice, a autorisé la représentation d'œuvres de W a g n e r sur des scènes subventionnées (1). Dans un avenir très rapproché, peut-être dans un an ou deux, la fameuse décision des Académies alliées sera vraisemblablement rapportée ou du moins ne sera plus respectée (elle ne l'est déjà plus guère en Angleterre). Et le souvenir de ces bouderies puériles ne sera-t-il pas bientôt une source intarissable d'hilarité ? Que pensera-t-on des promoteurs de la rupture ?

HAINE.

Si vous avez la vie nouvelle, [chrétiens], déposez l'aigre levain de la vieille forme : colère, indignation, malignité, blasphème.

Saint Paul (env. 10/34).

...Redoutez l'effusion du sang : réprimez votre colère, bannissez la haine de vos cœurs. **Saint Nicolas le Grand** (env. 800/37).

Quand un ennemi m'aurait arraché un œil, je le regarderais toujours avec l'autre de bon cœur. 1608. **St Francois de Salés** (1567/1622).

La haine est mon ennemie, plus que mes ennemis.

10. X. 1914. **R. Rolland** (1866/...).

---

(1) L'Opéra de Paris est allé droit à la *Walkyrie* (9. I. 1921). Il y eut affluence inusitée, acclamations et pas une seule protestation. Les rappels reprirent après chaque acte, « jusqu'à courbature des interprètes », disent certains journaux, qui, étroits d'esprit (cela arrive souvent aux feuilles politiques !), opinent qu'on aurait pu apporter un peu plus de discrétion à cet enthousiasme. On va bientôt reprendre l'*Or du Rhin*... Abomination de la désolation ! Et l'on dira encore que les Français sont le peuple le plus chauvin !

J'ai plus de place en mon cœur pour la miséricorde que pour la haine.
15. VI. 1585. **Henri IV.** (1553/1610), *à M. de H o u d e t o t.*
La haine ne peut jamais être bonne. **Spinoza** (1632/77).
La haine est fille de l'ignorance. **D. Diderot** (1718/84) (1).
La haine rapetisse. Même de peuple à peuple la haine est néfaste et ce n'est pas elle qui fait les vrais héros.
1912. **H. Poincaré** (1854/1912).
L'amour de la patrie n implique en rien la haine des autres organes du genre humain. Pour aimer, il n'est pas nécessaire de haïr.
1904. **A. Fouillée** (1838/1912).
La haine nationale se trouve toujours plus intense, plus violente, à mesure que vous descendez l'échelle de la culture intellectuelle.
Goethe (1749/1832).
Les haines nationales ne sont plus qu'un préjugé vieilli.
J. Simon (1814/96).
La haine est plus meurtrière encore que la guerre, car elle est une infection produite par ses blessures, et elle fait autant de mal à celui qu'elle possède, qu'à celui qu'elle poursuit.
17. XI. 1914. **R. Rolland** (1866/...).
C'est chez ceux qui n'agissent pas que la haine prend ces caractères de dureté implacable, dont quelques intellectuels offrent des exemples affreux. 30. X. 1914. **R. Rolland** (1866/...).
Les civils qui se trouvent à l'écart du combat, qui n'agissent point, qui parlent, qui écrivent et s'entretiennent ainsi dans une agitation factice et forcenée sans pouvoir la dépenser, ceux-là sont livrés aux souffles de violence fiévreux. 17. XI. 1914. **R. Rolland** (1866/...).
Quand déjà nous voyons les soldats de toutes les armées, en qui se fond de jour en jour l'âcre fumée de la haine et qui, d'une tranchée à l'autre fraternisent, les écrivains redoublent d'arguments fiévreux...!
4. XII. 1914. **R. Rolland** (1866/..).
Si les journalistes croient, par [leurs] insultes à l'ennemi, inspirer du courage, ils se trompent... Le dernier volontaire ennemi qui, dans un but de patriotisme mal compris mais exalté, tire sur nous, en embuscade, et sait bien ce qu'il risque, est de beaucoup supérieur au journaliste qui met habilement à profit le vent du jour et, avec de grands mots bruyants d'emphase patriotique, ne combat pas l'ennemi, mais crache dessus.
Revue *Weissen Blaetter*, nᵒ de février 1915.
L'insulte exprime la révolte débile et convulsive, plus que la liberté de la raison (2). 1901. **J. Jaurès** (1859/1914).

---

(1) Nous n'avons eu connaissance de cette belle pensée « du grand » D i d e r o t que par la citation qu'en fit M. P.-E. J a n s o n, le 25 nov. 1920. devant un auditoire select. Sans doute, l'ancien ministre n'entend-il pas (non plus que D i d e r o t) faire exception pour la haine de peuple à peuple.

(2) J a u r è s s'élève contre les « mensonges de la presse, dirigée souvent par le capital véreux et qui, par calcul financier ou par délirant orgueil, sème la panique et la haine et se joue cyniquement du destin de millions d'hommes ».

La fièvre obsidionale règne... Qui ne veut point délirer comme les autres est suspect. Et dans ces temps pressés .... tout suspect est un traître (1)... Les cris de haine des journaux aboyants font horreur et pitié. Quelle besogne croient-ils faire ? Ils veulent punir des crimes et sont eux-mêmes des crimes : car les mots meurtriers sont les semences de meurtres... A qui souffle la haine, la haine lui rejaillit à la face et le brûle. Héros de cabinet, matamores de la presse, les coups que vous portez atteignent bien souvent ... les vôtres, vos soldats, vos prisonniers livrés aux mains de l'ennemi : car ils répondent pour vous du mal que vous avez fait; et vous vous dérobez !

30. X. 1914. **R. Rolland** (1866/...).

...Le courage est chez celui qui prêche l'amour au milieu d'un troupeau animé de pensées de haine. Le courage, le courage le plus grand, est celui de l'homme qui s'entend traiter de poltron parce qu'il ne veut pas haïr. Mais la vraie lâcheté consiste à hurler avec les loups, de peur d'être lapidé. **X.**

Il y a des médecins du corps. Il en faudrait de l'âme pour panser les blessures de rancune, de vengeance, dont nos peuples sont empoisonnés. Que ce soit notre office, à nous qui écrivons... Il s'agit de reformer une opinion publique européenne. 30. X. 1914. **R. Rolland** (1866/...).

Alors que les nations auraient besoin de solidarité pour prospérer, une haine intense plane sur l'univers. Haine entre les nations, haine entre les classes diverses d'une même nation, haine entre les partis politiques de chaque classe. **G. Le Bon** (1842/...).

Les peuples se doivent une charité mutuelle aussi bien que les individus. II. 1921. **Card. Mercier** (1851/...).

C'est bien la haine que Satan excite et veut faire règner dans le monde actuel. La guerre a été une explosion de haine...

II. 1921. **S. G. Mgr. Crooy**, *évêque de Tournay.*

[Les hommes de nos jours] ont canonisé la haine.

Benoît XV (1853/...).

Les malheurs occasionnés par la guerre actuelle ne s'arrêtent pas à la destruction de riantes campagnes et de villes, pas même à la mort ou aux blessures, dont d'innombrables personnes deviennent les victimes. Il y a encore un autre mal, d'un caractère plus grave. Au milieu de tant de misères, l'amour réciproque a disparu de quantités d'âmes, dans lesquelles le nouveau commandement, qui nous a été apporté par le Saint-Evangile et qui nous enseigne d'aimer même nos ennemis, est presque effacé. D'aucuns sont déjà allés si loin dans cette voie, qu'ils mesurent leur patriotisme à leur haine pour ceux avec lesquels leur pays se trouve en guerre. La haine et le sentiment de la vengeance ne connaissent pas de bornes... Ceux qui travaillent avec la plume doivent faire tout ce qui leur est possible pour calmer et réconcilier les esprits.. Ils doivent faire oublier tout ce qui pourrait exciter le sentiment de la

---

(1) La Cour de Cassation de Paris a dû réhabiliter la mémoire de 6 soldats français fusillés injustement, en 1914, à la suite d'un jugement fait à la légère dans une période de passions chauvines. En Belgique, on commence à regretter un peu certaines condamnations draconiennes de 1919-20.

'haine, de sorte que, lorsqu'on déposera les armes, la haine ait aussi disparu des cœurs.　　　　　　Env. 15. IV. 1918. **Benoît XV** (1853/...).

Le devoir impérieux des hommes d'Etat et des peuples est de ne pas
déshonorer le triomphe du Droit en se laissant dominer par leurs passions.　　　　　　　　　　1919. **D. Lloyd George** (1863/...).

Les peuples ont soif de paix. Les classes dirigeantes n'ont pas l'esprit
de paix... L'effort de ceux qui parlent et qui écrivent tend encore souvent
à raviver la colère et la défiance entre les peuples. On parle encore de
« haines sacrées ». On s'efforce de découvrir des ennemis partout... La
morale que l'on prêche est plus que jamais celle qui a conduit les peuples à s'armer les uns contre les autres et à regarder la guerre comme
une occasion enivrante de déployer de beaux sentiments.
　　　　　　　　　　　　　　　1920. **A. Carnoy** (1878/...).

Destinée à n'être plus un jour que la Morale en action, la politique,
cessant d'entretenir la haine, s'épurera...　　　　**J. Bordet** (1870/...).

Celui qui s'efforce de combattre la haine par l'amour trouve dans ce
combat la joie et la sécurité.　　　　　　　**Spinoza** (1632/77).

HAINE CONTRE L'ALLEMAGNE.

Quand un ennemi m'aurait arraché un œil, je le regarderais toujours
avec l'autre de bon cœur.　　1608. **Saint François de Sales** (1567/1622).

Quelles que soient nos douleurs, nous ne vouons point de haine à ceux
qui nous les infligent. La concorde nationale s'allie, chez nous, [Belges],
à la fraternité universelle.　　**21. VII. 1916. Card. Mercier** (1851/...).

Les atrocités de la guerre impie ne m'amèneront jamais à souiller
de haine mon esprit.
　　　　　2. IX. 1914. **R. Rolland** (1866/...), *à G. H a u p t m a n n.*

Je voudrais voir mon pays [la France]... heureux du bonheur de ses
voisins autant que du sien propre, et non point bassement jaloux de
la richesse des autres en goûtant une satisfaction immorale à la vue de
leurs souffrances ou de leurs humiliations.
　　　　　　　　　　　　　1870. **P. Larroque** (1801/79).

Lorsque votre ennemi sera tombé, que votre cœur ne tressaille point
de joie.　　　　　　　　Env. — 800. *Anc. Testament. Proverbes.*

Nous avons [en France] d'affreux journaux (1) qui nous font un tort

---

(1) Qu'eût dit H e r m i t e de certains de nos quotidiens belges d'après-
guerre ?! Puissions-nous être débarrassés de nos organes d'annexion
et d'excitations guerrières, particulièrement de la *Nation Belge* et du
Soir, journaux dont le chauvinisme suraigu, le nationalisme écervelé
et la francophilie fanatique obnubilent l'entendement ! Le *Soir* prend
cyniquement le parti de l'Angleterre contre l'Irlande martyre, et sa
plus grande joie est de se moquer du pauvre peuple flamand. Toujours
prêt à accomplir les plus ignobles besognes, tant en première qu'en
quatrième pages, ce torchon soutient, depuis quelques mois, une polémique par laquelle il rapetisse et empoisonne les souvenirs à jamais
destinés à honorer l'âme du peuple belge ! Ce journal, qui a la singulière prétention d'être neutre, mérite bien sa réputaion « d'immonde
organe ». — En général, presque tous nos journaux sont occupés sans
relâche à jeter de l'huile sur le feu des passions nationalistes et, par des
articles insultants ou haineux, rendent impossible tout rapprochement avec
la Hollande.

infini, qui nous feraient passer pour des fous ou des chenapans; ils nous peignent d'après eux-mêmes.   4. XII. 1888. **Ch. Hermite** (1822/1901).

Notre presse [française] fit preuve, pendant la guerre, on ne saurait le nier, d'une sagacité très au-dessous de la moyenne.
XI. 1916. **G. Le Bon** (1842/...).

La faiblesse inouïe avec laquelle les chefs de la pensée [française] ont partout abdiqué devant la folie collective, a bien prouvé qu'ils n'étaient pas des *caractères*.   4. XII. 1914. **R. Rolland** (1866/...).

Le temps guérit les blessures. Il ne faut pas vivre avec la préoccupation éternelle de la [haine des Allemands].
16. II. 1919. **J. Destrée** (1868/...).

Nous sommes en paix, et c'est une guerre morale qui continue.
25. III. 1921. **Hindenburg** (1847/...).

La haine du Boche est une inconvenance... Laissez cela aux politiciens... (1).   25. VI. 1920. **Baron Ch. van Beneden.**

La mauvaise humeur n'est jamais une force.
17. I. 1921. **P. E. Janson.**

Les intellectuels français réprouvent la haine à l'égard de l'Allemagne. Sur ce point les hommes les plus divers se retrouvent, et prélats et libres-penseurs se tendent la main. La haine est la force des vaincus. Elle consume et n'illumine pas.   14. II. 1920. **A. Lamandé.**

Il ne faut pas entretenir la haine [de l'Allemagne], car la haine est une force aveugle.   3. I. 1920. **J. Aicard** (1848/...).

Faut-il entretenir la haine [de l'Allemagne, en France] ? Chimérique effort ! La haine n'est pas française !
17. I. 1920. **E. Le Mouel** (1859/...).

Le Français est bon, généreux, désintéressé... De caractère ouvert et affable, il ignore la rancune et a le pardon facile.
1920. **Ch. Moureu.**

. Je ne sais si, au delà de certaines frontières, on croit trouver avantage à faire du patriotisme avec de la haine; mais cela est contraire aux instincts de la race française et à ses traditions.
26. VI. 1912. **H. Poincaré** (1854/1912. VII. 17).

On ne persévère pas dans une attitude de haine, sous peine de perdre à jamais toute notion d'idéal... Si nous arrivons à toucher les esprits et les cœurs d'Outre-Rhin, nous aurons plus fait pour la paix du monde que toutes les artilleries du Creusot.   14. II. 1920. **Christian-Frogé.**

---

(1) La haine païenne du Belge à l'égard de nos voisins de l'Est est encore fort insuffisante, au dire de certains « savants » bruxellois ! Le lecteur aura peine à croire ceci : Il s'est trouvé des professeurs d'Université qui se sont indignés de ce que des cours universitaires, publiés après l'armistice, utilisent les expressions suivantes (*infandum* !) : règle de L e i b n i z, théorème de R i e m a n n, méthode de R i t z, condition de L i p s c h i t z, équations de J a c o b i et de B e s s e l, formule de K é k u l é, liqueur de F e h l i n g, vase d'E r l e n m e y e r, méthode de K j e l d a h l, règle de T h i e l e ! Nous proposerions, quant à nous, que l'Académie royale de Belgique nommât une commission inquisitoriale qui serait chargée de dénicher ces auteurs antipatriotes et de les clouer au pilori de l'opinion publique... « Il serait publié une liste interalliée nominative de ceux qui s'écarteraient de la règle » (!?).

Suffit-il d'agiter son sabre pour démontrer la vérité de sa cause, et, nous laissant hypnotiser par le péril des armements militaires, n'avons-nous pas [Français] négligé cette apologétique nationale qui, en désarmant les esprits, peut seule asseoir la paix d'une manière stable sur le consentement des peuples ?...	25. II. 1921. **J. Nanteuil.**

[Les garanties matérielles sont insuffisantes. Il faut des garanties d'ordre moral, que nous trouverons dans les principes sacrés du Christianisme. Observons surtout le premier des principes chrétiens, l'amour fraternel des hommes entre eux, et nous aurons *ipso facto* assuré la paix future].	I. 1921. **Marc Sangnier.**

La haine n'est pas chrétienne. Quand elle est prolongée et implacable, elle répugne au caractère français. Enfin, je ne vois pas en quoi cela avancerait nos affaires. Qui sait même si notre hostilité, pour peu qu'elle prît des formes vexatoires, ne déchaînerait pas un nouveau cataclysme ! Ne haïssons donc pas, parce que la haine est d'ordinaire le partage des êtres faibles et inférieurs qui se figurent que les contestations ne peuvent se régler qu'à coups de poings et par la violence.	3. I. 1920. **Mgr. Lacroix.**

Insulter l'Allemagne, serait une sottise et une bassesse. Haïr de propos délibéré tous les Allemands, serait indigne d'un chrétien et d'un homme... Point de haine aveugle, justice rendue à tout ce qui est bon et vrai !	3. I. 1920. **Mgr. A. Baudrillart (1859/...).**

La seule haine sacrée qui doive s'invétérer est celle de la guerre... Il ne faut pas mettre nos adversaires dans l'impossibilité d'être à jamais autre chose pour nous que des ennemis avides de revanche... En temps de paix, c'est l'amour qui édifie, et les bons bergers doivent apprendre aux peuples à se connaître, à se comprendre et à travailler d'accord sur les nombreux points où leur intérêt coïncide.	1920. **A. Carnoy (1878/...).**

Il n'y a pas incompatibilité d'humeur, hostilité de principe entre les Français et les Allemands.	X. 1920. **J. Bainville.**

Puisque la France a travaillé dans le passé, plus qu'aucune autre nation, à établir la Cité de Dieu sur la terre, j'ai foi que peu à peu, de plus en plus, elle s'appliquera à observer le précepte des préceptes : « Tu aimeras ton prochain comme toi-même »...	3. I. 1920. **J. Bédier (1864/...).**

L'excommunication majeure qui, en formules absolues, retranche de l'humanité une famille humaine, donne des ampleurs sonores et comme infinies à la haine... ostentatoire et creuse...	1915. **Et. Lamy (1845/1919).**

Vous pensez à la victoire ? Je pense à la paix qui suivra. Car ...il faudra bien un jour que vous vous donniez la main, vous et vos voisins d'Outre-Rhin, ne fût-ce que pour toper dedans pour vos affaires; il faudra bien que vous repreniez ensemble des relations supportables et humaines ; arrangez-vous donc de façon à ne pas les rendre impossibles... Ne détruisez pas l'avenir. Une belle blessure, bien franche, bien propre, se guérit : mais ne l'envenimez pas. Défendons-nous de la haine !	17. XI. 1914. **R. Rolland (1866/...).**

J'ai perdu au feu un fils de belle espérance... Mais la raison et l'équité doivent parler plus haut que le ressentiment, chez les vainqueurs... (1). L'Allemagne a rendu d'incontestables services à la civilisation... Il conviendra de ne faire nul obstacle à son expansion pacifique...

3. I. 1920. **E. Seillière** (1866/...).

Le Pape, en intéressant la générosité des Alliés aux fils innocents [des Centraux] a fait œuvre de Paix. (2) 29. XII. 1920. **P. Tschoffen.**

REPRISE DES RELATIONS AVEC L'ALLEMAGNE.

La paix du monde et le bonheur du genre humain ne dépendent pas uniquement des traités et des alliances entre Gouvernements. C'est l'appel d'un peuple vers un autre peuple pour plus d'amitié et plus de lumière qui rendra la guerre impossible et fera progresser l'humanité (3).

9. IV. 1920. **Albert**, roi des Belges (1875/...).

[Ceux qui]... veulent un rapprochement avec l'Allemagne... perpétuent l'idéal chrétien, qui est aussi l'idéal humain le plus noble... Ils ont l'héroïsme de maintenir que dans la lutte entre l'amour et la haine, c'est l'amour de l'homme pour l'homme qui restera victorieux... Le jour où les Etats allemands pourraient se dire : « La France a abjuré l'évangile de l'amour

---

(1) Malheureusement, tout le monde n'a pas la grandeur d'âme de M. S e i l l i è r e ! A la réunion du Conseil suprême, à Paris, en janvier 1921, pourquoi MM. B a r t h o u et D o u m e r ont-ils parlé à propos du désarmement sur un ton tel que, sans l'intervention de M. B r i a n d, M. L l o y d G e o r g e et Lord C u r z o n eussent quitté Paris ? C'est que MM. D o u m e r et B a r t h o u portent en leur cœur de pères des blessures terribles ! M. D o u m e r a perdu quatre fils, M. B a r t h o u son fils unique ! Leur chauvinisme, qui est leur vengeance, leur obnubile l'entendement ! Ils n'en veulent pas au militarisme, ils en veulent aux Allemands ! Ils ne songent pas que leurs fils ont peut-être tué beaucoup aussi et fait beaucoup d'orphelins !

R. P o i n c a r é, qui était, avant la guerre, un homme très large d'idées et à peu près digne de son illustrissime cousin, est, hélas ! devenu aussi, à la suite de la guerre, un terrible chauvin. Il a écrit récemment des articles et fait des conférences pour faire croire que, dans la guerre de 1914, la France serait blanche comme neige et l'Allemagne noire comme les ténèbres ! Mais nous posons une petite question : est-ce la vérité historique *seule* qui a déterminé l'avocat P o i n c a r é, ou bien ne serait-ce pas aussi le patriotisme ? Dans ce dernier cas, il serait suspect. Oui, il l'est terriblement ! Le métier des avocats n'est pas de rechercher la vérité, mais de faire croire qu'ils la possèdent !

(2) G. H o o g, qui fut reçu, en 1920, avec M. S a n g n i e r, par S. S. B e n o î t XV, écrit ceci : « Quelle peine profonde le Pape éprouvait manifestement de ce que sa parole suppliante en faveur des petits enfants affamés d'Autriche, eût reçu, en France, un accueil si tiède et parfois si hostile ! Avec quelle paternelle insistance il nous demandait de commencer une grande et vigoureuse campagne pour la paix, allant jusqu'à préciser les conditions politiques de cette paix : suppression du service obligatoire, arbitrage... »

(3) Les chauvins, si nombreux à l'Académie royale de Belgique, ont-ils lu et médité cette sublime pensée ?

pour embrasser celui de la haine... », ce jour-là serait aussi pour l'Allemagne celui du plus grand triomphe (1). C'est pourquoi je réserve ma sympathie intime aux disciples de Celui qui, sur la Croix, priait pour ses bourreaux. 17. I. 1920. **E. Gilson.**

Je ne suis pas partisan d'une haine stérile... Ce serait une pure folie de ne pas reprendre les relations commerciales [avec l'Allemagne]. Elles peuvent être fructueuses ; elles sont même indispensables.
31. I. 1920. **J. H. Rosny ainé** (1856/...).

Il est à prévoir que l'Allemagne... redeviendra [rapidement] la première nation de l'Europe... Nous en avons grand besoin dès aujourd'hui.
3. I. 1920. **Ch. Gide** (1847/...).

Un grand nombre d'inventions nouvelles ont été faites [áprès la guerre par les Allemands] et sont maintenant en exploitation.
II. 1921. *Rapport intérallié sur l'Allemagne.*

Nous avons besoin de l'Allemagne, aussi bien qu'elle a besoin de nous ; et cela suppose une pénétration réciproque de tous les instants...
17. I. 1920. **Amiral Degouy.**

C'est un devoir national et un devoir humain de remiser « le chauvinisme » dans les musées de l'armée. La France est *intelligente*. Son intelligence doit lui conseiller, non d'apprendre à ses enfants à haïr, ni même à mépriser les Allemands, mais à les étudier et à les connaître. Derrière « une barrière de Chine », nos enfants agiraient en aveugles... La question des relations ne se pose pas : elle s'impose. S'abstenir, ce serait trahir notre victoire et ruiner la France. 14. II. 1920. **R. Veyssié.**

Notre attitude à l'égard de l'Allemagne doit être celle que nous devons avoir à l'égard de tous les autres peuples. 14. II. 1920. **J. Bernier.**

Aucun homme raisonnable n'a jamais conçu comme une chose bonne et souhaitable que les Français et les Allémands, dans la suite des siècles, continuent à se regarder comme chien et chat !
X. 1920. **J. Bainville.**

Je voudrais voir mon pays [la France] prospérer par l'amour de l'humanité et non par l'égoïsme national, par l'union avec les autres pays et non par l'isolement... 1870. **P. Larroque** (1801/79).

... Je vous conseille sagement de faire risette à l'Allemagne, — dès aujourd'hui. Car vous serez trop heureux, qu nd il ne restera plus qu'un seul couple de Français ici-bas, d'apprendre que cette féconde nation le fait figurer dans ses museums anthropologiques..., comme dernier échantillon d'une race illustre et disparue. 31. I. 1920. **R. Dévigne.**

Le danger [de la diminution de la natalité] est très grave en France... On peut espérer que l'immigration... se développera...
1920. **Ch. Moureu.**

---

(1) Dès le début de la guerre, R. R o l l a n d écrivit ceci : « Je veux que la France soit victorieuse, non seulement par la force, non seulement par le droit (ce qui serait encore trop dur), mais par la supériorité de son grand cœur généreux. Je veux qu'elle soit assez forte pour combattre sans haine et pour voir, même dans ceux qu'elle est forcée d'abattre, des frères qui se trompent et dont il faut avoir pitié. »
17. XI. 1914. R. Rolland (1866 /...).

Il y a en France une notable dégénérescence de la race... Un des meilleurs remèdes serait... une émigration systématique en France d'Allemands germaniques...

Un savant éminent très distingué (ainsi qualifié par l'illustre **Edm. Perrier**, en 1915).

On pourrait faire la même observation pour la Belgique.

Ne nous laissons pas émouvoir par les révoltes instinctives de ceux qui jugent avant de réfléchir. On me traitera de mauvais patriote. N'importe ! Je parle en Français qui veut le salut de la France et qui ne voit plus que cette ressource : une union franco-allemande.

VIII. 1920. **P. Reboux.**

Un rapprochement entre l'Allemagne et la France apparaît ccmme au plus haut point rationnel et souhaitable.

V. 1907. **H. Lichtenberger** (1864/...).

La bonne entente est le plus grand intérêt des deux pays [Allemagne et France]. 13. VII. 1871. **Ad. Thiers** (1797/1877), *à Manteuffel.*

Je n'ai jamais hésité à assumer sur ma tête la haine de nos chauvins par ma volonté obstinée et qui ne faillira jamais, d'un rapprochement franco-allemand... 29. VII. 1914. **J. Jaurès** (1859/1914. VII. 31).

L'Italie et moi ferons tout notre possible pour aider l'Allemagne à se refaire. 4. I. 1921. **G. Giolitti** (1843/...).

Oui, j'ai des amis allemands, comme j'ai des amis français, italiens, anglais, de toute race. C'est ma richesse, j'en suis fier et je la garde. Quand on a eu le bonheur de rencontrer dans le monde des âmes loyales avec qui l'on partage ses plus intimes pensées, avec qui l'on a noué des liens fraternels, ces liens sont sacrés, et ce n'est pas à l'heure de l'épreuve qu'on ira les briser... Quel lâche serait-il donc celui qui cesserait peureusement de les avouer, pour obéir aux sommations insolentes d'une opinion publique qui n'a aucun droit sur notre cœur ?

17. XI. 1914. **R. Rolland** (1866/...).

Je n'aime pas le ministre **Vandervelde**, mais, pour une fois, je n'aurais pas hué ses paroles en faveur de la fraternisation des peuples et de la réconciliation. 25. VI. 1920. **Baron Ch. van Beneden.**

La collaboration étroite de... [toutes les nations] à l'œuvre commune est la condition même des progrès humains.

V. 1916. **Ch. Richet** (1850/...).

C'est dans le bonheur de tous que chacun trouve la garantie de son propre bien. **Louis–Philippe** (1773/1850).

De plus en plus nous apprenons qu'aimer son pays plus que tous les autres n'est nullement incompatible avec le fait de respecter tous les autres et de leur vouloir du bien. **Th. Roosevelt** (1858/1919).

Les peuples ne doivent pas être égoïstes, et le repos de l'Europe dépend de la prospérité de chaque nation. **Napoléon III** (1808/73).

Il faut faire aux peuples des Puissances Centrales une place digne dans le chœur des nations et les mettre à même de travailler à leur prospérité. 12. XI. 1918. **W. Wilson** (1856/...).

Si l'Europe centrale s'écroule, nous sommes menacés d'un cataclysme

qui pourrait engloutir la civilisation entière... Il faut éviter que l'Allemagne
ne s'écroule.   4. III. 1920. **Lord Robert Cecil** (1869/...).

Si les Anglais et les Français rendent la vie encore plus insupportable
au peuple allemand, ils favoriseront le jeu des Junkers.

Fin 1920. G¹ **Sir Maurice.**

Nous considérons l'existence d'une Allemagne libre et prospère comme
nécessaire pour la civilisation européenne et nous ne désirons pas une
Allemagne mécontente et réduite à l'esclavage, qui serait plutôt une
menace à cette même civilisation.

3. III. 1921. D. **Lloyd George** (1863/...).

Si nous sommes fidèles au souvenir des morts, dont on a assez dit —
et j'espère qu'on ne l'oubliera point — qu'ils se sont sacrifiés pour tuer
la guerre et pour libérer les peuples et les hommes; nous ne pouvons pas
avoir d'autre but aujourd'hui que d'établir une Société des Nations
vraiment fraternelle... Dès lors un rapprochement avec l'Allemagne
est nécessaire.   31. I. 1920. J. **Ernest-Charles** (1875/...).

Seule une Société des Nations *vraiment fraternelle...* me semble capable
d'écarter désormais tout risque de guerre... [et nous devons nous rappro-
cher de l'Allemagne].   17. I. 1920. V. **Margueritte** (1866/...).

La Société des Nations, tant qu'elle ne sera pas universelle, portera
en son sein un germe de dissolution...   15. XII. 1920. **Motta.**

La Ligue des Nations doit être universelle, car elle représente pour
ses membres non seulement des droits, mais aussi des charges. L'admis-
sion de tel ou tel pays ne doit pas être considérée comme une faveur,
mais comme un moyen de le surveiller.   XII. 1920. **Puyerredon.**

Fermer la porte aux Allemands, ce genre d'hypocrisie doit demeurer
confiné à la Société des Nations...   I. 1921. R. **Johannet.**

Le meilleur moyen de se défaire de ses ennemis, c'est de s'en faire des
amis.   **Henri IV** (1553/1610).

*La paix du monde et le bonheur du genre humain ne dépendent pas
uniquement des traités et des alliances entre Gouvernements. C'est l'appel
d'un peuple vers un autre peuple pour plus d'amitié et plus de lumière qui
rendra la guerre impossible et fera progresser l'humanité.*

9. IV. 1920. **Albert**, roi des Belges (1875/...).

La société souffre... de la haine entre frères... Le seul remède est le
retour à la lumière de l'Evangile qui rappellera que tous les hommes
doivent se sentir frères sur cette terre... L'Eglise doit faire tous ses efforts
pour guérir les plaies dont l'humanité est affligée et pour coopérer à
la réconciliation des peuples.   25. XII. 1920. **Benoît XV** (1853/...).

Il faut rétablir dans le plus court délai les relations d'amitié entre
les peuples.   Env. 5. IV. 1919. W. **Wilson** (1856/...).

Peut-on nier... que [à la suite de la guerre de 1914] l'intérêt de l'humanité ait reconquis une place à côté des intérêts nationaux ?... Les nations
ont développé la conscience de leur solidarité, de la nécessité inéluctable
de leur coopération.   X. 1920. Mgr. P. **Ladeuze** (1870/...).

Je suis partisan des relations intellectuelles et sociales les plus étroites
possibles entre les peuples civilisés, et spécialement entre la France et
l'Allemagne...   IV. 1895. M. **Berthelot** (1827/1907).

REPRISE DES RELATIONS INTELLECTUELLES,
EN PARTICULIER SCIENTIFIQUES, AVEC LES CENTRAUX.

Au Moyen Age, époque que les fortes têtes se plaisent à décrier, la pensée était internationale. Actuellement, l'outrecuidance fait parler constamment de progrès réalisés et l'on s'amuse, soi-disant pour combattre la « barbarie » (?), à apporter, malgré l'Église catholique — qui, le protestant G u i z o t l'a bien dit, marche toujours la première dans la carrière de la civilisation, — à apporter des entraves à l'internationalisme dans le domaine scientifique !   **L.**

S'il est quelque chose d'international par excellence, c'est la science, parce que la vérité est une.   **1915. Edm. Perrier (1844/...).**

...La science est un bien général de l'humanité et doit être, comme telle, affranchie de toute frontière nationale.

1915. W. Ostwald (1853/...).

Scientific labours bring people together, and tend to break down national barriers and restrictions.   **Asaph Hall (1829/1907).**

La science est un terrain neutre, et toute intervention des questions nationales a pour résultat de retarder sa marche en avant et se trouve ainsi nuisible au progrès de l'humanité.   **1915. P. Achalme.**

Ceux qui ont le don et la richesse du savoir ne doivent pas l'appliquer aux satisfactions égoïstes de l'individu, d'une caste ou d'un pays, mais au bien-être de l'humanité tout entière.

19. VI. 1919. W. Wilson (1856/...)

La science étant domaine humain, et non pas seulement national, il importe que, par dessus les frontières, les savants soient en contact fréquent.   **8. V. 1920. J. Destrée (1863/...).**

La science est un des meilleurs éléments de concorde entre les Nations.

VII. 1919. G. Bigourdan (1851/...).

Une conséquence du travail scientifique, c'est qu'il établit des relations intimes et fraternelles entre des hommes qui professent des opinions très différentes.   **18. XII. 1920. J. Bordet (1870/...).**

Les intérêts de la Science sont en dehors et au-dessus des intérêts de la politique, variables comme les passions humaines.

VI. 1879. P. Dubois-Reymond (1831/89) et Ch. Hermite (1822/1901).

Les vérités démontrées, les découvertes utiles, les chefs-d'œuvre de l'esprit survivront à tout ce qui excite un instant notre amour ou notre haine et s'ajouteront pour toujours au patrimoine de l'humanité.

Edm. About (1828/85)

Est-ce manquer à l'amour que l'on doit à sa patrie de se réjouir si les travaux [scientifiques] qui s'y accomplissent profitent à l'Humanité tout entière ?   **1895. Ch. Richet (1850/...).**

Le savant digne de ce nom doit se donner tout entier à la conquête de ces vérités sur lesquelles n'ont de prise ni le temps, ni la mort, ni les passions humaines. Il n'est pas de plus noble tâche. Il semble qu'elle soit soustraite aux conflits même les plus aigus des nations ; car il n'y a point une géométrie française et une géométrie allemande : il y a une géométrie.   **2. XII. 1918. P. Painlevé (1863/...).**

La pensée mathématique est essentiellement internationale.

IV. 1921. **G. Loria** (1862/...).

On ne saurait trop insister sur l'importance d'une œuvre [*l'Encyclopédie des sciences mathématiques*] dans laquelle, en une si heureuse harmonie, viennent s'ajouter aux qualités spéciales de l'érudition allemande celles de la française (1). 1913. **M. d'Ocagne** (1862/...).

N'est-il pas prouvé d'une manière éclatante que Germains et Celtes ne sont qu'un, et combattent sur le champ de la science, avec les mêmes armes ! 12. VII. 1882. **Ch. Hermite** (1822/1901).

...Dans la sphère des rapports scientifiques entre l'Allemagne et la France, certains signes annoncent qu'une paix réelle et générale va se conclure, pour restituer à la science son plus précieux privilège, de créer un lien d'estime et d'affection personnelle entre tous ceux qui s'y consacrent. 1875. **Ch. Hermite** (1822/1901) *à P. Dubois - Reymond*.

N'est-ce point un des plus beaux et des plus nobles privilèges de la science pure, que de faire oublier aux hommes les divisions nées, en ce bas monde, des imperfections de leur nature et du jeu de leurs passions, et de les arracher aux conflits qui en sont la suite, pour les unir tous, dans un effort qui ne connaît ni les frontières, ni les partis : la recherche de la vérité ? 1893. **M. d'Ocagne** (1862/...).

La science, principalement lorsqu'elle étudie la nature, est internationale. Tout effort pour interrompre l'amicale collaboration sur le terrain de la science doit être considéré comme une lourde erreur. Je ne doute pas qu'aussitôt venue la paix ardemment attendue, ces efforts seront à juste titre jugés comme les produits des conditions anormales actuelles et seront plongés dans un oubli bien mérité.

1915. **Sv. Arrhénius** (1859/...).

Nous soussignés, docteurs, principaux de collège, professeurs et autres membres influents de l'Université d'Oxford, nous venons à vous, [savants allemands], personnellement avec le désir de dissiper l'amertume des animosités, qui, sous l'impulsion du patriotisme, peuvent avoir surgi entre nous. Sur le terrain où nos buts sont uniques, notre enthousiasme le même, nos rivalités et nos ambitions de nature généreuse, nous pouvons sûrement chercher à nous réconcilier, et la fraternité de l'étude ouvre une voie qui peut — et qui doit, si nos idéals spirituels existent — conduire à une sympathie plus large et à une entente meilleure entre nos nations parentes. Octobre 1920. **Université d'Oxford.**

Nous sommes prêts à renouer les relations personnelles, rompues par la guerre, et à faire oublier, par un travail commun, ce qui, des deux côtés, a été écrit et dit d'offensant.

Env. 1. XI. 1920. *Les savants allemands du Reichstag.*

---

(1) Conséquence inattendue et ridicule de la rupture des relations intellectuelles entre la France et l'Allemagne et de la cessation de l'édition française de l'*Encyclopédie* : tout le monde achètera l'édition allemande ! Il peut être intéressant de signaler que, fidèles à leur rôle de savants, plusieurs éminents géomètres italiens et douze parmi les meilleurs mathématiciens français ont signé des articles de l'*Encyclopédie* parus pendant la guerre.

Les bruyants intellectuels qui s'insultent d'un camp à l'autre ne représentent... nullement [la pensée européenne]... Ces hommes se sont révélés indignes d'être les guides spirituels du genre humain... Les destins de l'humanité l'emportent sur ceux de toutes les patries. Rien ne saura empêcher les liens de se reformer entre les penseurs des nations ennemies. Celle qui s'y refuserait se suiciderait. Car par ces liens circule le flot de vie.   10. IV. 1915. R. Rolland (1866..).

Ce serait une illusion de croire qu'on pourra se passer de l'apport des savants allemands (1).   1916. M. De Wulf (1867/...).

Les Belges n'ont aucunement l'intention de rejeter la science allemande.
                              VII. 1919. A. Gravis.

Traitons d'égal à égal avec l'Allemagne... Plus d'attitude humiliée, mais pas d'attitude hautaine. Il faut tendre à une paix véritable. *Dans l'ordre intellectuel nous pouvons collaborer.*
              3. I. 1920. Mgr. A. Baudrillart (1859/...).

Collaborons !

* * *

Travailleurs de l'esprit, compagnons, dispersés à travers le monde, séparés depuis cinq ans par les armées, la censure et la haine des nations en guerre, nous vous adressons, à cette heure où les barrières tombent et les frontières se rouvrent, un Appel pour reformer notre union nouvelle, plus solide et plus ferme que celle qui existait, avant.

La guerre a jeté le désarroi dans nos rangs. La plupart des intellectuels ont mis leur science, leur art, leur raison, au service des gouvernements. Nous ne voulons accuser personne, adresser aucun reproche. Nous savons la faiblesse des âmes individuelles et la force élémentaire des grands courants collectifs : ceux-ci ont balayé celles-là, en un instant, car rien n'avait été prévu afin d'y résister. Que l'expérience au moins nous serve, pour l'avenir !

Et d'abord, constatons les désastres auxquels a conduit l'abdication presque totale de l'intelligence du monde et son asservissement volontaire aux forces déchaînées. Les penseurs, les artistes, ont ajouté au fléau qui ronge l'Europe dans sa chair et dans son esprit, une somme incalculable de haine empoisonnée ; ils ont cherché dans l'arsenal de leur savoir, de leur mémoire, de leur imagination, des raisons anciennes et nouvelles, des raisons historiques, scientifiques, logiques, poétiques, de haïr; ils ont travaillé à détruire la compréhension et l'amour mutuels entre les hommes. Et, ce faisant, ils ont enlaidi, avili, abaissé, dégradé

---

(1) Si la France, encore une fois imprévoyante et insouciante, fermait les yeux à l'évidence, si elle détournait son regard de la nécessité vitale où elle se trouve de s'imprégner profondément de Science pour devenir forte et être toujours respectée, elle signerait son arrêt de mort... dans un avenir qui ne dépasserait probablement pas un demi-siècle ! [D'où la nécessité de la collaboration...].   1920. Ch. Moureu.

la Pensée, dont ils étaient les représentants. Ils en ont fait l'instrument des passions et (sans le savoir peut-être) des intérêts égoïstes d'un clan politique ou social, d'un État, d'une patrie, ou d'une classe. — Et à présent, de cette mêlée sauvage, d'où toutes les nations aux prises, victorieuses et vaincues, sortent meurtries, appauvries, et, dans le fond de leur cœur (bien qu'elles ne l'avouent pas), honteuses et humiliées de leur crise de folie, la Pensée, compromise dans leurs luttes, sort, avec elles, abaissée.

Debout ! Dégageons l'Esprit de ces compromissions, de ces alliances humiliantes, de ces servitudes cachées ! L'Esprit n'est le serviteur de rien. C'est nous qui sommes les serviteurs de l'Esprit. Nous n'avons pas d'autre maître. Nous sommes faits pour porter, pour défendre sa lumière, pour rallier autour d'elle, tous les hommes égarés. Notre rôle, notre devoir, est de maintenir un point fixe, de montrer l'étoile polaire au milieu du tourbillon des passions dans la nuit. Parmi ces passions d'orgueil et de destruction mutuelle, nous ne faisons pas un choix; nous les rejetons toutes. Nous prenons l'engagement de ne servir jamais que la Vérité libre, sans frontières, sans limites, sans préjugés de races ou de castes. Certes, nous ne nous désintéressons pas de l'Humanité. Pour elle, nous travaillons, mais pour elle tout entière. Nous ne connaissons pas les peuples. Nous connaissons le Peuple, — unique, universel, — le Peuple qui souffre, qui lutte, qui tombe et se relève, et qui avance toujours sur le rude chemin, trempé de sa sueur et de son sang, — le Peuple de tous les hommes, tous également nos frères. Et c'est, afin qu'ils prennent, comme nous, conscience de cette fraternité, que nous élevons au-dessus de leurs combats aveugles l'Arche d'Alliance, — l'Esprit libre, un et multiple, éternel.

III. 1919. R. Rolland (1866/...).

TABLE DES NOMS PROPRES
(520)

N. B. — 1. Entre parenthèses on a indiqué la date de naissance et éventuellement la date de mort. Le lecteur qui désirerait les connaître au jour près sera renseigné par la Table de notre recueil de Pensées, Bruxelles, 1919.

2. Les autres chiffres renvoient aux pages. Naturellement, un auteur peut être cité plusieurs fois sur une même page.

Brockdorff-Rantzau (V.) (1869/...), 39.
Broqueville (Cte de), 61, 62.
Brulat (P.) (1866/...), 26.
Brun (Charles), 45.
Bussy-Rabutin (R. de) (1618/93), 35.
Buyl (Ad.), 26.
Buysse (Cyr.), 47.

Carnot (L. N. M.) (1753/1823), 84.
Carnoy (A.) (1878/...), 19, 48, 59, 61, 64, 108, 110.
Carton de Wiart (H.) (1869/...), 9, 14, 50, 69.
Castelein, 49.
Castellan, 56.
Cathérine (Mme), 78.
Cauchy (A. L.) (1789/1857), 93.
Cavazzoni, 12.
Cecil (Lord R.) (1869/...), 27, 114.
César (J.) (— 102/— 44), 16.
Charles (Empereur), 27.
Charles VI (1368/1422), 77.
Chateaubriand (1768/1848), 3, 4, 14, 65.
Chatrian (1726/90) 8.
Cicéron (— 106/— 43), 4.
Clémenceau (G.) (1841/...), 30, 43, 44, 82.
Clément XIV (1705/74), 14.
Colbert (J. B.) (1619/83), 77.
Comte (Aug.) (1798/1857), 13.
Condorcet (1743/94), 12, 31.
Counson (A.) (1880/...), 1, 30, 31, 43,
Counson (L.), 65, 66.
Cousin (V.) (1792/1867), 5, 6.
Crooy (S. G. Mgr), 74, 107.
Czernin (Comte), 27.
Curzon (Lord) (1859/...), 111.
Custine (A. P. de) (1740/93), 4.
Cuvelier (J.), IV, 39, 60, 62, 97.
Cuvier (G.) (1769/1832), 87.

Danton (1759/94), 101.
Dastre (A.) (1844/1917), 99, 100.
Daudet (L.) (1868/...), 80.
Davignon (H.), 54.
De Ceuninck (Général), 35, 59, 124.
Dechamps (V. A. Card.) (1810/93), 13.
Degouy (amiral), 112.
Delacre (M.) (1862/...), 86, 87.
Delaquys (G.), 14.
Denikine, 46.
Derby (Lord), 54.
Deschanel (P.) (1857/...), 98.
Desirée (J.) (1863/...), 36, 48, 58, 61, 62, 67, 74, 80, 103, 109, 115.
Devèze (A.) 1882/...), 14, 24, 126.
Dévigne (R.), 38, 82, 112.
De Wulf (M.) (1867/...), IV, 94, 98, 116.
Diderot (D.) (1713/84), 19, 94, 106.
Diogène (-412/-323), 16.
Doumer (P.) (1857/...), 111.

Dufour (général), 59.
Dufresny, 80.
Duhem (P.) (1861/1916), 98.
Dumarsais (C.) (1676/1756), 17.
Dumont-Wilden (L.) (1875/...), 64.
Dusser (Y.), 77, 90.
Dysart (Lord), 13.

Ebert, 42.
Eliott (W. E.), 96.
Erckmann (1822/99), 8.
Ernest-Charles (J.) (1875/...), 114.
Erzberger, 11, 46, 94.
Escobar y Mendoza (Antonio) (1589/1669), 77.

Fabri (Marcello), 45.
Faguet (E.) (1847/1916), 76.
Favre (J.) (1809/80), 78.
Fehling (   ), 109.
Fénelon (1651/1715), 6.
Féren (M.), 15, 50.
Ferrer, 63, 71, 88.
Ferrero (G.) (1871/...), 33, 40, 41.
Fichte (J. G.) (1762/1814), IV, 19.
Fierens-Gevaert (1870/...), 60.
Figuier (L.) (1819/94), 86.
Finot (L. J.), 45.
Fite (Warner), 99.
Fizeau (A. H. L.) (1819/96), 88.
Flaubert (G.) (1821/80), 5.
Fléchier (E.) (1632/1710), 13, 31, 40, 43
Flers (R. de) (1872/...), 103.
Foch (J.) (1851/...), 25, 35, 44, 45, 46, 57.
Foote (S.) (1720/77), 54.
Fouillée (A.) (1838/1912), 5, 6, 76, 83, 101, 106
Franck (C.) (1822/90), 76.
François de Sales (Saint) (1567/1622), 4, 105, 108.
François II (1543/60), 19.
Frédéric II (1712/86), 14, 15, 65.
Frère-Orban (H. J. W.) (1812/96), 12.
Fribourg (A.), 12, 38.
Frogé (Christian-), 109.

Gambetta (L.) (1838/82-3), 76, 78, 82.
Gasquet (J.), 80.
Gaultier (P.), IV, 20, 21, 29, 30-34, 36, 37, 38, 40, 46, 51, 54, 55, 62, 92, 95, 100.
Gautier (Th.) (1811/72), 55, 81.
Gauss (F. K.) (1777/1855), 4.
Gendebien (A.) (1789/1869), 60.
Ghéon (H.), 10.
Gibbs, 29.
Gide (Ch.) (1847/...), 34, 76, 90, 94, 112.
Giesswein (Mgr), 3.
Gilbert (Ph.) (1832/92), 76.
Gilson (E.), 112.

BLADVULLING (1)

(Additions et corrections)

Page 3, note, après la citation de Mgr G i e s s w e i n, ajouter :
L'hypertrophie presque générale du sentiment nationaliste dans le monde constitue un grand danger pour l'Église.
8. IV. 1921. **Abbé Van den Hout.**

Page 3, ligne 2 des notes, au lieu de chauvinisme a lire nationalisme et union-sacrée ont

Page 14, tout en bas, ajouter :
Tous deux sont ministres : aigle et reptile !

Page 15, ligne 4, ajouter :
Belges, au nom de nos quarante-trois mille morts, combattons le militarisme !

Page 38, entre les lignes 10 et 11 per ascensum, intercaler :
Aucun des hommes d'Etat n'a vraiment conçu le plan diabolique de déchaîner la guerre mondiale ; mais tous, plus au moins, ont été entraînés dans la guerre.
XII. 1920. **D. Lloyd George** (1863 /...).

Page 36, entre lignes 4 et 5, ajouter :
L'Angleterre ne s'intéresse aux affaires du continent que si ses propres intérêts sont en jeu.
IV. 1921. **Van der Essen.**

Page 36, ligne 7. Remarque :
L'État Belge célèbre le monstre impérial ! Lequel ? L'ogre corse ! A l'occasion du centenaire de la mort du colossal militaire, la Bibliothèque Royale fait une exposition de médailles napoléoniennes.

Page 40, note, ligne 12. Remarque d'une autorité indiscutable :
L'infanterie comprend 80 p. c. de Flamands et 20 p. c. de Wallons... Les termes techniques sont ceux qui sont en usage à l'armée française !
Début 1918. L^t-gén. **De Ceuninck.**

---

(1) Si nous employons ce mot néerlandais (ou flamand), c'est parce qu'il ne peut être traduit également en français !

Page 41, *ligne* 17. *ajouter :*
... Ce traité [de Versailles] n'a aucune valeur. Est-ce qu'un vaincu ne
signe pas tout ce qu'on lui fait signer ? Est-ce qu'un traité de paix n'est
pas le procès-verbal d'un rapport de forces reconnu définitif et rendu
légalement irrévocable ?   III. 1921. **F. Passelecq.**

Page 42, *entre les lignes* 2 *et* 3, *ajouter :*
A peine... le genre humain est-il sorti de l'immense conflit, que voici
aux prises d'insatiables cupidités et de belliqueuses ambitions politiques.
                         8. III. 1921. S. S. **Benoît XV** (1853/...).

Page 42, *entre les lignes* 5 *et* 6, *ajouter :*
L'appel à la force armée, loin de servir la cause des réparations, pro-
longe la période d'incertitude, permet à la réaction et au militarisme de se
ressaisir, nourrit la haine entre les peuples et conduit l'Europe vers de
nouvelles aventures.
                         1. IV. 1921. *Deuxième Conférence internationale socialiste.*

Page 44, *ligne* 5 *per asc.,* supprimer ce qui est entre parenthèses.

Page 47, *note* 2, *ajouter :*
Séance troublante [celle du 24 avril 1919, au Congrès de la Paix] !...
A de certaines heures on put se demander si la Belgique ne sortirait point
par une rupture.   IV. 1921. **Tardieu.**

Page 50, *note.*
Les surtaxes d'entrepôt viennent d'être abolies. L'infamie était trop
criante. La Belgique, après ce qu'elle fit pour les Alliés se trouvait vis-
à-vis d'une Alsace-Lorraine française dans une situation moins favorable
que vis-à-vis d'une Alsace-Lorraine allemande.
   La France aura fini par comprendre qu'elle se rendait odieuse devant tout l'Univers. La Justice lui commandait de rendre gorge, mais
la Justice ne suffisait pas ! C'est l'intérêt qui l'a décidée. Sinon, pourquoi
eût-elle attendu plus de deux ans ? Pourquoi eût-il fallu près de trente
mois de conversations aigres qui ont tenu l'opinion publique belge dans
le trouble et l'énervement ? Oui, l'intérêt ! Le premier mai, les soldats
belges et français devront, comme le disent très bien la *Victoire* (sous la
signature de G. Hervé) et le *Petit Parisien*, fraterniser sur le dos des Allemands ! La France a grand besoin de la Belgique pour renforcer son militarisme, en comblant les vides produits par le néo-malthusianisme qui
l'infecte, et pour pouvoir voler des territoires !
   Les surtaxes d'entrepôt sont abolies ! Faut-il danser en rond ? Que
nenni ! La France prépare une nouvelle offensive protectionniste, et
terrible cette fois-ci ! Les coefficients appliqués aux droits d'entrée de
nos produits chez nos voisins du Sud sont considérablement augmentés
et la *Journée Industrielle* annonce que cette élévation ne constitue qu'une
première étape ! Or, il est facile de prouver que les mesures ont bien
pour but d'arrêter l'entrée des produits belges au pays de Clémenceau.
Les Belges ne sont sans doute pas encore suffisamment vexés de la taxe
douanière de 50 °/₀ frappant les produits allemands en Belgique, taxe
votée, dans un moment de folie, par le Parlement belge !
   Les Français semblent furieux de ce que nous n'avons que 43.000 morts
alors qu'ils en ont 1.500.000 !
   Le monde des industriels et des commerçants belges est fort préoccupé
et il exigera sans doute des représailles ! Amitiés franco-belges !

Page 56, *note. Addition :*
Le Rapport de la Commission Américaine observe « qu'il n'est pas un
crime imputé aux Allemands en Belgique que les Anglais n'aient commis
en Irlande ». La vérité, c'est que les forfaits de ceux-ci dépassent de
beaucoup en horreur les atrocités boches. Les forces britanniques ont eu
recours à la torture contre leurs prisonniers.

Page 58, texte, ligne 4 per ascensum.
M. N o t h o m b l'a bien dit — rendons-lui cette justice ! — le Parlement belge est, dans l'ensemble, une splendide collection d'imbéciles. A-t-on jamais rien vu d'aussi effarant que certaine loi, votée en août 1919, qui élimine du corps professoral des universités de l'État les compétences au profit d'anciens militaires quelle que soit l'infériorité de ceux-ci ! Qu'on s'étonne du triste état de la Belgique au point de vue intellectuel !

Page 59, ligne 16 per ascensum, au lieu de *Soir* lire journal *Le Soir.*

Page 62, ligne 4.
Petite bande de territoire qui gravite dans l'orbite du monde, elle [la Flandre] subira fatalement l'attraction inéluctable de l'une ou l'autre grande nation.
5. IV. 1921. J. Bordet (1870 /...), *au Sénat belge.*

Page 62, ligne 9, au lieu de attednu lire attendu.

Page 62. La note 1 est à supprimer.

Page 62, note 2, ajouter :
Il dépend seulement de la victoire que l'on soit poursuivi pour trahison ou considéré comme le sauveur de son pays. 6. IX. 1919. A. **Borms.**

Page 66, texte, ligne 4 per ascensum. Addition.
En Belgique, les meilleures familles maintiennent dans leur conception de la vie, la prédominance de l'esprit militaire sur les considérations scientifiques. Du reste, la Belgique est actuellement un des pays les plus militaristes du monde. Le projet de loi sur la milice pour 1921 tend à établir le service général obligatoire dans son sens le plus absolu, c'est-à-dire sans aucune espèce d'exception. Tous les ecclésiastiques devront faire leur service ! Infamie ! Il fallait que nous imitassions la France même dans ses monstruosités ! Et il s'est trouvé des catholiques patriotards et « union-sacristes » pour appuyer ce projet honteux ! — Quant à D e v è z e, le brutal Spartiate, il voudrait que la préparation militaire se fît dès l'âge de 16 ans !   **L.**
Le militarisme mort ! C'est une erreur : nous le voyons refleurir en France et même en Belgique.   6. IX. 1919. A. **Borms.**

Pages 67-69, remarque :
Pourquoi le rapport relatif au prix décennal de mathématiques pures pour la période 1903-12 n'a-t-il pas été et ne sera-t-il pas publié, contrairement à ce qui devait se faire et s'est fait, par exemple pour le prix de mathématiques appliquées ? C'est que la chauvine Académie royale de Belgique a voulu tenir secret le bon classement mérité par un concurrent qui combat les haines internationales ! (Ce concurrent n'avait du reste pas demandé à être mis sur les rangs, car il n'a jamais travaillé *en vue* d'obtenir des prix.)
Quant au prix décennal des mathématiques appliquées, il est évident que le jury chargé de le décerner aurait dû être constitué de savants à la fois ingénieurs et mathématiciens. Or, pas un des 5 membres ne réalise cette condition ! Cela explique que la décision, qui est boîteuse (c'est le moins qu'on puisse dire), ait été prise par 3 voix contre 2 !

Page 71, ligne 8. Remarque :
Existe-t-il des mondains « comme il faut » ? Peut-être, mais ceux là sont rares. Écoutons trois hommes illustres :
Le monde est le peuple des médiocres et des philistins... De ce milieu déprimant l'intolérance est terrible ; les lois et les exigences qui y règnent draconniennes... Toute pensée haute, tout idéal pur, toute ambition élevée sont strictement interdits par le monde à l'homme du monde... S'il veut s'affranchir de cette tyrannie avilissante, c'est la lutte, et une lutte terrible, le ridicule, le dénigrement, le boycottage, et le reste...
1911. Publ. 1914. **Th. Hénusse. S. J.**

Le principal objet des réunions mondaines, c'est l'exhibition de la femme, accommodée, attifée, harnachée, habillée ou déshabillée de la meilleure façon possible... Vivre des journées uniquement composées de divertissements et d'actes futiles : toilettes interminables, séances chez la couturière, déjeuners, dîners, thés, visites, conférences dites littéraires, soirées, bals, théâtres. et toutes les variétés de réunions mondaines ;... montrer le plus possible sa peau... voilà la vie d'une femme du monde « honnête »... La vie d'une femme du monde mérite assurément moins d'estime que celle d'une petite ouvrière laborieuse et probe...

J. Lemaître (1853/1914).

Tout homme qui veut garder l'intégrité de sa pensée, l'indépendance de son jugement... doit s'écarter absolument de ce qu'on appelle les relations mondaines. Guy de Maupassant (1850/93).

Page 71. Des lecteurs objecteront que cette page et peut-être d'autres sont étrangères à l'objet de l'ouvrage. En apparence. oui ; en réalité. non. Belges, nous devons avoir une idée un peu adéquate de la valeur morale des dirigeants qui nous obligent de continuer à bouder aux intellectuels allemands !

Page 72, ligne 21. Remarque :
D'un récent travail, fait très consciencieusement par M. B a y e t, qui (il convient de le reconnaître) est un savant de marque, il résulte que Bruxelles compte *plus de* 15 p. c. d'avariés parmi les adultes ayant atteint 25 ans.

Page 72, note 2, ligne 3. Remarque :
M. P.-E. J a n s o n a le toupet d'écrire ceci (avril 1921) : « C'est à Bruxelles. dans notre chère université. que se sont trempés et se trempent les hommes rebelles à la contrainte du dogme ». — Belle collection de « libres-penseurs » hypocrites, plus dogmatisants que les catholiques superstitieux patriotards, terribles chauvins qui placent le dogme nationaliste au-dessus de la Science ! Au point de vue strictement moral, le lecteur est déjà renseigné.

Page 73, ligne 18 per ascensum :
Ce n'est pas 23.000, mais 26.500 qu'il faut lire ! Car ce nombre augmente avec une rapidité effrayante et écœurante. Bruxelles, ville-lumière « libérale » !

Page 73, ligne 17 per ascensum :
Il est peut-être exact de dire que la syphilis ne déshonore pas *tout* individu qui en est atteint, mais ce qui est certain, c'est qu'un pays qui en est pourri ne peut en tirer gloire !

Page 73, ligne 2 des notes.
Le parti catholique belge se désagrège. La cause. c'est que depuis la guerre il s'inspire bien plus du militarisme, du nationalisme et de l'union-sacrée que de l'esprit religieux et de la morale. Trahison !

Page 88, ligne 9 : Lire les articles de M. René B e n j a m e n, intitulés *La Farce de la Sorbonne*, dans l'*Echo de Paris*, avril 1921.

Page 102, ligne 10 per ascensum, au lieu de belge cette lire de Belgique.

Page 104, lignes 5-8 per ascensum, au lieu de si... Alors !... lire si elle faisait abstraction de ses sentiments politiques, pour n'envisager que l'intérêt de la Science !

N. B. — *L'auteur accueillera avec reconnaissance toute remarque critique qu'on voudra bien lui faire.*

TABLE DES MATIÈRES

Principaux Ouvrages du même auteur :

Leçons sur la théorie des déterminants à n dimensions, avec application à l'algèbre, à la géométrie, etc. Vol. in-4° de XXIV + 223 pages, avec fig. Gand, Hoste ; Paris, Hermann ; Bruxelles, chez l'auteur. 1910.
Il ne reste que quelques exemplaires. La deuxième édition comportera deux volumes. Le tome premier (env. 450 pages) paraîtra vers 1922.

Abrégé de la théorie des déterminants à n dimensions, avec de nombreux exercices. Vol. in-4° de XVI + 156 pages. Gand, Hoste ; Paris, Hermann ; Bruxelles, chez l'auteur. 1914.

Bibliographie du Calcul des variations : *a)* 1850-1913. Vol. in-8°, de XIV + 449 p. Gand, Hoste ; Paris, Hermann ; Bruxelles, chez l'auteur. 1913.
b) Depuis les origines jusqu'à 1850. Vol. in-8° de IV + 92 pages. Gand, ancienne Maison Hoste, S. A. ; Paris, Hermann ; Bruxelles, chez l'auteur. 1916.

Calcul des variations, dans l'ENCYCLOPÉDIE DES SCIENCES MATHÉMATIQUES PURES ET APPLIQUÉES. Vol. gr. in-8° de 288 pages (en deux fascicules). Paris, Gauthier-Villars ; Leipzig, B. G. Teubner. 1913-1916.

L'Intermédiaire des Mathématiciens. Table des tomes I à XX (1894-1913). Vol. in-8° de IV + 279 pages. (En collaboration). Paris, Gauthier-Villars. 1916.

La tension de vapeur des mélanges de liquides. L'Azéotropisme. Première partie. Données expérimentales. Bibliographie. Vol. in-4° de XII + 319 pages. Gand, ancienne Maison Hoste ; Bruxelles, Lamertin et chez l'auteur. Avril 1918. fr. 15,00
Il ne reste que quelques exemplaires. Une seconde édition, corrigée et augmentée, paraîtra vraisemblablement en 1922.

Pensées sur la Science, sur la Guerre et sur des Sujets très variés. Vol. gr. in-8° de VIII-479 p. texte compact. Brux., Lamertin, chez l'auteur. Déc. 1919. fr. 32,00

Le Calcul des variations depuis 1850. [Mém. couronné (1912) *Académie R. Belg.*].
Le manuscrit, qui devait donner un Vol. in-4° de 380 p. environ, n'a pas été « volé par les Boches », comme on l'a dit. Mais il ne sera tout de même pas publié, faute d'argent.

Bibliographie des séries trigonométriques. Vol. in-8° de VIII + 336 pages (impression sur une face). Louvain, Bruxelles, chez l'auteur. 1921 (avril) fr. 25,00

Relations intellectuelles avec les Centraux ? « Écrasons l'infâme ! ». Vol. in-8° de VIII + 124 pages. Louvain, Bruxelles, chez l'auteur. 1921 (avril) fr. 10,00

Compléments au Tome I de l'ENCYCLOPÉDIE DES SCIENCES MATHÉMATIQUES PURES ET APPLIQUÉES. Paris, Gauthier-Villars ; Leipzig, B. G. Teubner. (En collaboration). Sous presse.

EN PRÉPARATION :

Azéotropisme. Seconde partie. Théorie analytique. Vol. in-4° de 350 p. environ.

Tables pour le fractionnement des mélanges liquides. Vol. in-4° de 220 p. env.

Calcul des variations. Compléments (1913-1921) à l'article de l'auteur dans l'ENCYCLOPÉDIE DES SCIENCES MATHÉMATIQUES. Vol. in-8° de 150 pages environ.

Séries trigonométriques. Article de 900 pages environ, d'abord destiné à l'ENCYCLOPÉDIE DES SCIENCES MATHÉMATIQUES.
L'*Encyclopédie* ayant cessé de paraître après la guerre, les deux derniers travaux seront publiés aux frais de l'auteur.

Éléments de la théorie des déterminants cubiques. Vol. in-8° de 150 pages environ.

Bibliographie des fonctions elliptiques. Vol. in-8°.

La Science et l'Enseignement supérieur en Belgique. Vol. in-16° de 400 p. env.

Arts et Artistes. Lettres et Littérateurs. Science et Savants. Réflexions de personnages illustres. 3 vol. gr. in-8°, chacun d'environ 350 pages.

Pour le Patriotisme. Contre le Chauvinisme. Vol. in-8°, d'environ 300 pages.

La Psychologie du Mathématicien. Vol. in-16° de 350 pages environ.

www.ingramcontent.com/pod-product-compliance
Lightning Source LLC
LaVergne TN
LVHW020143070726
842527LV00017B/1126